TARIF GENERAL

DES

DROITS DES SORTIES ET ENTRÉES DU ROYAUME,

Et des Provinces esquelles les Bureaux ne sont établis; ordonnés être levés sur toutes les marchandises & denrées.

Arrêté au Conseil Royal le 18 Septembre 1664.

AVEC

L'EDIT DU ROY,

Portant réduction & diminution des droits de Sorties & Entrées sur les denrées & marchandises; Suppression de la nouvelle Imposition d'Anjou, des Tabliers établis pour la levée d'icelle, des droits appelés de Massicault, & autres : Et règlement pour la perception desdits droits.

Donné à Vincennes au mois de Septembre 1664.

A PARIS,

DE L'IMPRIMERIE ROYALE.

M. DCCL.

TARIF

DES DROITS DE SORTIES du Royaume.

E'TAT & Tarif du Droit que le Roy, étant en ſon Conſeil de Commerce, a ordonné être levé ſur toutes les Denrées & Marchandiſes qui ſortiront par les provinces de Normandie, Picardie, Champagne, Bourgogne, Breſſe, Poitou, Aunis, Berry, Bourbonnois, Anjou, le Maine, Thouars, châtellenie de Chantoceaux & lieux en dépendans, pour être conduites ès pays étrangers, ou dans les provinces du royaume où les bureaux des Cinq Groſſes Fermes ne ſont établis, au lieu des droits appelés reſve ou domaine forain; haut-paſſage, impoſitions foraines, Traites domaniales, trépas de Loire, Traites & nouvelles impoſitions d'Anjou, augmentations & réapréciations d'iceux, & des droits y joints, avec le Pariſis, douze & ſix deniers pour livre : Tous leſquels Sa Majeſté a réglés & réduits en un ſeul droit de Sortie, pour le ſoulagement des négocians & la facilité du commerce; lesquels droits seront payés par toutes sortes de personnes, ecclésiastiques & nobles, sans aucune exemption ni privilège, soit du crû ou des foires franches, ou autres quelconques; le tout compris, caisses, tonneaux, balles, cordages, serpillières, & tous autres embalages; à l'exception des marchandises de soie, sur lesquelles le poids des embalages sera déduit.

Les marchandises & denrées qui seront vendues, échangées, & sortiront durant les foires qui se tiennent en la ville de Rouen, ès temps de la Chandeleur & de la Pentecôte, ne payeront que la moitié desdits droits.

Les denrées & marchandises qui sortiront de la ville de Lyon, hors le temps des foires de ladite ville, ne payeront que la moitié desdits droits, en représentant l'acquit des anciens droits engagés au Prevôt des Marchands & Echevins de ladite ville de Lyon, certifié des commis de la douane d'icelle ville.

Sur les marchandises & denrées qui sortiront pendant toute l'année, pour aller & être consommées en la ville de Sedan, ne sera levé que la moitié desdits droits.

Et sur celles qui seront transportées par les Ecossois, en leur pays, ne sera levé que les trois quarts desdits droits, en se purgeant, par eux, par serment, en la manière accoûtumée.

A la réserve néanmoins des droits de la Traite domaniale, lesquels seront levés en entier sur toutes les denrées & marchandises qui seront transportées hors lesdites provinces, en quelque temps que ce soit, même pendant le temps desdites deux foires de la Chandeleur & de la Pentecôte, nonobstant tous les privilèges & exemptions.

Et parce que les droits de quelques marchandises ne sont pas égaux en toutes lesdites provinces, celles qui seront transportées d'une province où les droits seront moindres qu'en une autre, le supplément en sera payé par les marchands.

Et à l'égard des acquits de payement desdits droits ou à caution, & des décharges d'iceux, les droits en seront payés aux commis des bureaux, conformément aux arrêts de la Cour des Aides de Paris, des 23 septembre 1634, & 9 avril 1644, à raison de cinq sols pour chacun d'iceux; & aux arrêts de la Cour des Aides de Rouen, des 29 & 30 mars 1623, sans que lesdits commis puissent lever le Parisis, douze & six deniers desdits droits, à peine de concussion.

SORTIES.

PREMIÈREMENT.

A

	livre	sols
Acier non ouvré, le cent pesant payera vingt-deux sols, ci	1.	2.
Agneaux d'un an, gras ou maigres, la pièce payera deux sols, ci		2.
Aiguilles, le cent pesant payera comme mercerie, trois livres, ci	3.	
Airain non ouvré, le cent pesant payera comme cuivre, trois livres, ci	3.	0.

Ais de Sapin, le cent en nombre payera trois livres dix ſols, ci 3.liv. 10.ſols

Albâtre, le pied en carré payera quatre ſols, ci . . . . . 4.

Allumettes, le cent peſant payera douze deniers, ci . . . 1.

Alun de toutes ſortes, le cent peſant payera vingt ſols, ci 1.

Amandes de toutes ſortes, le cent peſant payera comme fruits ſecs, douze ſols, ci . . . . 12.

Amidon, le cent peſant payera douze ſols, ci . . . . . . 12.

Anchois, le cent peſant payera quatorze ſols, ci . . . . 14.

Anguilles, le cent peſant payera quatorze ſols, ci . . . . 14.

Arcançon ou poix raiſine, le cent peſant payera comme poix blanche & noire, ſeize ſols, ci . . . . 16.

Ardoiſes, le millier en nombre payera quinze ſols, ci 15.

Argent en maſſe & lingots, ſortant par paſſeports, le marc payera trente ſols, ci . . . . 1. 10.

Argent & or en ouvrages d'orfévrerie & filigrane, payera à l'eſtimation, à raiſon de ſix pour cent de la valeur.

Arquebuſes, le cent peſant payera comme mercerie, trois livres, ci . . . . 3.

Aſnes & Aſneſſes, grandes & petites, la pièce payera dix-huit ſols, ci . . . . 18.

Avelines, le cent peſant payera comme fruits ſecs, douze ſols, ci . . . . 12.

Avirons, le cent en nombre payera huit livres, ci . . . . 8.

Aulx, la ſomme payera cinq ſols, ci . . . . 5.

Avoine, le muid meſure de Paris, contenant douze ſetiers, faiſant deux tonneaux, payera, ſavoir, pour l'ancien droit, vingt-ſix ſols, & pour la Traite domaniale, douze livres, ci . . . . 13. 6.

B

BAGUES d'or, payeront à l'eſtimation, à raiſon de ſix pour cent de leur valeur.

Bailliarge, payera comme orge, treize livres le muid;

ſavoir, pour l'ancien droit, vingt ſols, & pour la Traite domaniale, douze livres, ci 13.liv. 0.ſols

Baleine coupée & apprêtée, le cent peſant payera quinze ſols, ci . . . . 15.

Balles, paniers & corbeilles, la douzaine payera deux ſols, ci . . . . 2.

Barils vuides, le leth qui eſt de douze barils, payera huit ſols, ci . . . . 8.

Bas de chauſſe de drap & de ſerge, le cent peſant payera comme draps de laine de toutes ſortes, cent ſols, ci . . 5.

Bas de laine, fil & coton faits au fuſeau, & Bas d'eſtame de toutes ſortes, le cent peſant payera comme mercerie, trois livres, ci . . . . 3.

Bas de ſoie, la livre payera douze ſols, ci . . . . 12.

Baſanes tannées, la douzaine payera ſix ſols, ci . . . 6.

Bateau neuf, la pièce payera cinquante ſols, ci . . . . . 2. 10.

Batterie d'airain & de cuivre, le cent peſant payera quarante ſols, ci . . . . 2.

Battin ou jonc d'Eſpagne, le cent peſant payera trente ſols, ci . . . . 1. 10.

Baudriers en broderie d'or & d'argent, la pièce payera vingt ſols, ci . . . . 1.

Baudriers frangés, galonnés, piqués & doublés de ſoie, la pièce payera ſix ſols, ci 6

Baudriers piqués, frangés ou galonnés d'or & d'argent, la pièce, l'un portant l'autre, payera douze ſols, ci . . . 12.

Baudriers de toutes autres ſortes, ſans or, argent ni ſoie, payeront comme mercerie, le cent peſant, trois livres, ci 3.

Bauge, le cent peſant payera quarante ſols, ci . . . . . 2.

Bayette ou Revêche d'Angleterre, Flandre & autres ſemblables étoffes, payera comme draps petits, trois livres, ci 3.

Berceaux, la douzaine payera un ſol, ci . . . . 1.

Beurre de toutes ſortes, le cent peſant payera vingt-ſix ſols, ci . . . . 1. 6.

	liv.	sols
Bêche, la douzaine payera cinq sols, ci	0.	5.
Biére, Cidre & Poiré, le tonneau payera vingt-six sols, ci	1.	6.
Bled, Froment & Méteil, le muid contenant deux tonneaux, mesure de Paris, payera vingt-deux livres; savoir, pour l'ancien droit, quarante sols, & pour la Traite domaniale, vingt livres, ci	22.	
Bœufs gras, petits ou maigres, la pièce payera cinquante sols, ci	2.	10.
Bois de Brésil, & tous autres Bois à faire teinture, le cent pesant payera treize sols, ci		13.
Bois d'Ebène, le cent pesant payera seize sols, ci . . .		16.
Bois de Miroir, faits de bois blanc, le cent pesant payera treize sols, ci		13.
Bois de Chêne, chacune pièce de 25 à 30 pieds de longueur & 6 pouces en carré, payera sept sols, ci . .		7.
Bois à faire Sommiers, la pièce de 25 à 30 pieds de longueur, payera vingt-six sols, ci	1.	6.
Bois à bâtir, la longue pièce payera à l'équipolent du Sommier.		
Bois Merrain à faire poinçons, le millier en nombre de long bois, & cinq cens d'enfonçures, payera huit livres, ci	8.	
Bois à bâtir, le char payera vingt-deux sols, ci	1.	2.
Bois sciés, tant en barreaux que planches, le cent en nombre payera trois livres, ci	3.	
Bois à Baril, le millier en nombre de long bois, & cinq cens d'enfonçures, payera trois livres, ci	3.	
Bois à douvain & Pippes, le millier en nombre de long bois, & cinq cens d'enfonçures, payera cent sols, ci	5.	
Bois de Buis, le cent pesant payera dix sols, ci		10.
Bois à brûler, chargé un chariot, payera quatre sols, ci		4.
Bois à brûler, chargé une charrette, payera deux sols, ci		2.
Bois à brûler, le millier de fagots payera trente sols, ci	1.	10.

Bois

Bois à faire fourreaux d'épée & étuis, le paquet contenant cinquante ou soixante feuilles, payera cinq sols, ci . . 0.$^{liv.}$ 5.^{sols}

Boîtes ferrées, Bougettes & Malles, le cent pesant payera vingt-six sols, ci . . . . 1. 6.

Boîtes de Sapin, de Foncine, & autres lieux, le char payera quarante sols, ci . . . . 2.

Boîtes de Sapin peintes, & Cabinets d'Allemagne, Flandre & autres lieux, de peu de valeur, payera comme mercerie, trois livres, ci . . . . 3.

Boîtes non peintes, le cent pesant payera trente sols, ci 1. 10.

Bombasin de toutes sortes, payera comme mercerie, trois livres, ci . . . . 3.

Bonnets de laine de toutes sortes, le cent pesant payera comme mercerie, trois livres, ci . . . . 3.

Bottes neuves, la douzaine de paires payera trois livres dix sols, ci . . . . 3. 10.

Boucassins & Fûtaines d'Allemagne, servant à doubler, payera comme mercerie, trois livres, ci . . . . . . 3.

Boucs & Chévres, la pièce payera cinq sols, ci . . . . 5.

Bougrans vieux & neufs, le cent pesant payera quatre livres; savoir, pour l'ancien droit, trente sols, & cinquante sols pour la Traite domaniale, ci . . . . . 4.

Boules de Mail, le cent pesant payera cinquante sols, ci 2. 10.

Boules de terre, le cent pesant payera quarante sols, ci 2.

Bourre & Capiton de soie, le cent pesant payera cent sols, ci . . . . 5.

Bourre chiquette de toutes sortes, le cent pesant payera dix-huit sols, ci . . . . 18.

Bourre rouge & Bourre à faire lits, le cent pesant payera cinquante sols, ci . . . . 2. 10.

Bourses en broderie & garnies d'or & d'argent fin, la livre payera trente sols, ci . . . . 1. 10.

Bourses en broderie de soie ou garnies de soie, la livre payera dix-huit sols, ci . . . . 18.

B

Bourſes de toutes autres ſortes, ſans or, argent & ſoie, le cent peſant payera comme mercerie, trois livres, ci 3.liv. 0.ſols

Bouteilles de terre, la douzaine payera un ſol, ci . . . . 1.

Bouteilles de verre, la douzaine payera deux ſols, ci . . 2.

Boutons de laine, fil, verre, rocaille & crin de cheval, le cent peſant payera comme mercerie, trois livres, ci . . 3.

Boutons d'or & d'argent fin, compris les bois & cartons, la livre payera vingt ſols, ci . . . . 1.

Boutons d'or & d'argent faux, & Boutons de ſoie, compris les bois & cartons, la livre payera douze ſols, ci 12.

Bray comme Goûltran, le leth, qui eſt de douze barils, payera trente-deux ſols, ci . . . . 1. 12.

Brebis payeront comme Moutons, quatre ſols la pièce, ci 4.

Briques, le millier en nombre, eſtimé à dix livres, payera cinq ſols, ci . . . . 5.

Brochets, le cent en nombre payera trente-cinq ſols, ci . . 1. 15.

Broſſes ou Vergettes à nétoyer, le cent peſant payera comme mercerie, trois livres, ci . . . . 3.

Bruyères à faire Vergettes, le cent peſant payera quarante-ſix ſols, ci . . . . 2. 6.

Buffles apprêtés, la pièce l'un portant l'autre, payera vingt-quatre ſols, ci . . . . 1. 4.

Buffetin, la pièce payera douze ſols, ci . . . . 12.

Burail lis & croiſé ou Moncayards de toutes ſortes, le cent peſant payera comme Camelots à eau, ſept livres, ci . . . . 7.

Burail d'étoupes, le cent peſant payera comme mercerie, trois livres, ci . . . . 3.

Bure ou Beugle, griſe ou blanche, & Burettes, le cent peſant payera comme Serges de laines, quatre livres, ci 4.

C

CABINETS d'Ebène, enrichis d'or & d'argent, cuivre doré, peintures & broderies, tant grands que petits, la piece payera à raiſon de ſix pour cent de leur valeur, ſuivant l'eſtimation qui en ſera faite.

Cabinets d'autres bois de peu de valeur, payera comme mercerie, le cent peſant trois livres, ci 3.liv. 0.ſols

Caboches ou vieux clous de fer, le cent peſant payera cinq ſols, ci . . . . 5.

Cadis, le cent peſant payera comme Serges, quatre livres, ci . . . . 4.

Cailles graſſes ou maigres, la douzaine payera deux ſols, ci 2.

Camelots à eau & ſans eau, Samis ou Samilis, Oſtades, Camelots ondés & ſans ondes, Baracans & autres ſemblables draps & étoffes de même qualité, de laine & poil, le cent peſant payera ſept livres, ci . . . . . . 7.

Camelots & Baracans d'Amiens & autres étoffes faites de laine ſeulement & ſans poil, le cent peſant payera trois livres, ci . . . . 3.

Canetilles d'or & argent, la livre payera trois livres quatre ſols, ci . . . . 3. 4.

Canetilles aſſis ſur draps & étoffes de ſoie, la livre payera quarante-ſix ſols, ci . . . . 2. 6.

Canevas, payera comme toile de chanvre, le cent peſant trois livres dix ſols; ſavoir, pour l'ancien droit, trente ſols, & quarante ſols pour la Traite domaniale, ci 3. 10.

Cantarides, le cent peſant payera trois livres, ci . . . . 3.

Capiton à faire laſſis, le cent peſant payera comme Bourre de ſoie, cent ſols, ci . . . . 5.

Capres de toutes ſortes, le cent peſant payera comme fruits ſecs, douze ſols, ci . . . . 12.

Caractère à imprimer, le cent peſant payera comme mercerie, trois livres, ci . . . . 3.

Cardaſſes à faire Capiton, le cent peſant payera comme Bourre de ſoie, cent ſols, ci . . . . 5.

Cardes neuves & vieilles, le cent peſant payera trente ſols, ci . . . . 1. 10.

Carizets & Crézeaux blancs ou teints, gros ou fins de

toutes ſortes & façons, le cent peſant payera comme draps de laine, cent ſols, ci 5.liv. 0.ſols

Carpeaux Alvins, le cent en nombre payera huit ſols, ci 8.

Carpes, le cent en nombre payera vingt-ſix ſols, ci . . 1. 6.

Carpettes ou Tapis à embaler, le cent peſant payera quarante-quatre ſols, ci . . . . 2. 4.

Carreaux de meulage de Brie, le cent en nombre payera quarante ſols, ci . . . . 2.

Carreaux de meulage de France, le cent en nombre payera trente ſols, ci . . . . 1. 10.

Carreaux de thuile à paver, le millier en nombre payera huit ſols, ci . . . . 8.

Cartelets, Caffarts de village, Gros-grains, Mézelaines, Cardouzilles, Piccottes, Blumettes & autres ſemblables étoffes ſans ſoie, le cent peſant payera comme mercerie, trois livres, ci . . . . 3.

Cartes à jouer, le cent peſant payera vingt ſols, ci . . . 1.

Caſtalongnes, Couvertures & Mantes de laine, le cent peſant payera comme mercerie, trois livres, ci . . . 3.

Ceintures, Sangles & Porte-épées en broderie d'or & d'argent fin, la livre payera dix ſols, ci . . . . . . 10.

Ceintures, Sangles & Porte-épées en broderie ou garnies de ſoie, la douzaine payera dix-huit ſols, ci . . . . 18.

Ceintures & Rubans de filoſelle & de capiton, le cent peſant payera huit livres huit ſols, ci . . . . 8. 8.

Ceintures de fil & laine, le cent peſant payera comme mercerie, trois livres, ci . . . . 3.

Cendre de leth, qui eſt de douze barils, payera trente-ſix ſols, ci . . . . 1. 16.

Cendre, menuiſées, ou dragées de Plomb, le cent peſant payera ſept ſols, ci . . . . 7.

Cercles, le millier en nombre payera trente ſols, ci . . . 1. 10.

Chair de bœufs ou de vaches, tuée & habillée, la pièce payera trente-cinq ſols, ci . . . . 1. 15.

Chair de mouton, tuée & habillée, la pièce payera quatre ſols, ci 0.liv. 4.ſols

Chamois apprêtés & paſſés en blanc ou jaune, la douzaine payera trente-ſix ſols, ci . . . . 1. 16.

Chandeliers, Chenets & Landiers de cuivre ou d'airain, le cent peſant payera comme batterie d'airain & cuivre, quarante ſols, ci . . . . 2.

Chandelle de ſuif, le cent peſant payera vingt-ſix ſols, ci 1. 6.

Chantepleures & Patenôtres de bois, le cent peſant payera quarante ſols, & avec mercerie, comme mercerie, ci 2.

Chanvre crud en maſſe, le cent peſant payera trente ſols, ci 1. 10.

Chanvre prêt à filer, le cent peſant payera cinquante ſols, ci 2. 10.

Chapeaux de Caſtor, la douzaine payera douze livres, ci 12.

Chapeaux demi-Caſtor & Caſtor de Moſcovie, la douzaine payera ſix livres, ci . . . . 6.

Chapeaux de feutre, garnis & non garnis, de toutes autres ſortes, ſans poil, le cent peſant payera comme mercerie, trois livres, ci . . . . 3.

Chapeaux de paille, la douzaine payera trois ſols, ci . . 3.

Chapeaux de poil de toutes ſortes, la douzaine payera vingt ſols, ci . . . . 1.

Chapeaux de Vigogne, la douzaine payera trois livres, ci 3.

Chapeaux demi-Vigogne, la douzaine payera quarante ſols, ci . . . . 2.

Charbon de bois, la banne payera vingt-ſix ſols, ci . . 1. 6.

Charbon dans le ſac ou banne, le char payera vingt-ſix ſols, ci . . . . 1. 6.

Charbon, la charretée payera dix-huit ſols, ci . . . . . 18.

Charbon de pierre, la banne payera quatre ſols, ci . . . 4.

Charbon de terre, le cent de barils payera huit livres, ci 8.

Charbon de terre en houille, la charretée chargée de cinq poinçons deux tiers, payera vingt-deux ſols, ci . . . 1. 2.

Chardons à Drapiers & Bonnetiers, la balle peſant cent cinquante livres, payera cinquante ſols, ci . . . . . 2. 10.

	liv.	ſols
Châtaignes, le cent peſant payera deux ſols, ci	0.	2.
Chaudières & Pots de fer, le cent peſant payera huit ſols, ci		8.
Chaudrons de cuivre ou d'airain, le cent peſant payera comme batterie d'airain & cuivre, quarante ſols, ci . .	2.	
Chauſſons de laine, le cent peſant payera comme mercerie, trois livres, ci	3.	
Chaux, le tonneau payera huit ſols, ci		8.
Chemiſes de toile de chanvre. *Voyez* Toile de chanvre.		
Chemiſes de toile d'étoupes. *Voyez* Toile d'étoupes		
Chemiſes de toile de lin. *Voyez* Toile de lin.		
Chevaux, Mulets & Mules, tant à ſelle qu'à porter charge, de toutes ſortes, la pièce payera ſix livres, ci	6.	
Chevaux petits, Jumens, Mules & Mulets pour ſervir à labourer, la pièce payera quarante ſols, ci	2.	
Chevreaux d'un an, la pièce payera deux ſols, ci		2.
Chevreaux & Moutons apprêtés en façon de chamois, la douzaine payera ſeize ſols, ci		16.
Cire blanche, le cent peſant payera quatre livres, ci . .	4.	
Cire jaune, le cent peſant payera ſix livres, ci	6.	
Ciſeaux & Canivets, le cent peſant payera comme mercerie, trois livres, ci	3.	
Citrons, le cent en nombre payera dix ſols, ci		10.
Cloches, le cent peſant payera cinquante ſols, ci	2.	10.
Clous à Cordonniers & Selliers, le cent peſant payera comme mercerie, trois livres, ci	3.	
Clous, Clouteries, Bandages & autres Manufactures de fer, le cent peſant payera huit ſols, ci		8.
Cochons de lait, la pièce payera deux ſols, ci		2.
Coffres & Bahuts vuides, & Coffres de cyprès, le cent peſant payera vingt ſols, & avec mercerie, payera comme mercerie, ci	1.	
Colle de poiſſon, le cent peſant payera vingt ſols, ci . .	1.	
Collets de buffle, la pièce payera ſeize ſols, ci		16.
Colliers de chevaux, la pièce payera deux ſols, ci . . .		2.

Confection d'Alkerme, la livre payera huit ſols, ci . . . 0.liv. 8.ſols

Confitures de toutes ſortes, le cent peſant payera cent ſols, ci . . . . 5.

Copeaux de buis à faire peignes, le cent peſant payera vingt-ſix ſols, ci . . . . 1. 6.

Cordages de toutes ſortes, le cent peſant payera quarante ſols, ci . . . . 2.

Cordes de boyaux, le cent peſant payera comme mercerie, trois livres, ci . . . . 3.

Cordillats d'Eſpagne, Languedoc & autres lieux, le cent peſant payera comme Serges, quatre livres, ci . . . . 4.

Cordons ou queue de Marte-Zébeline, de la moyenne grandeur ordinaire, & les autres à l'équipolent, la pièce payera treize ſols, ci . . . . 13.

Cordons d'or ou d'argent, ou mêlés avec ſoie, la livre payera quarante ſols, ci . . . . 2.

Cordons d'or & d'argent faux & de ſoie, la livre payera ſeize ſols, ci . . . . 16.

Cordons de toutes autres ſortes, ſans or, argent & ſoie, le cent peſant payera comme mercerie, trois livres, ci 3.

Cordouans de toutes ſortes, la douzaine payera comme Marroquins & Cordouans, vingt-cinq ſols, ci . . . . 1. 5.

Cornes de bœufs ou vaches, le millier en nombre payera quatorze ſols, ci . . . . 14.

Cornes de cerfs, le cent peſant payera dix ſols, ci . . . 10.

Cornes de lanternes, le cent peſant payera comme mercerie, trois livres, ci . . . . 3.

Cornes de moutons, le cent peſant payera trois ſols, ci 3.

Côtes de baleines, le cent peſant payera comme Baleine coupée, quinze ſols, ci . . . . 15.

Coton filé, le cent peſant payera ſix livres, ci . . . . . . 6.

Coton en graine, le cent peſant payera cinquante ſols, ci 2. 10.

Coton en laine, le cent peſant payera quatre livres, ci . . 4.

Couteaux, Pargois, Rocaille, Boutons de verre & de corne,

le cent pesant payera comme mercerie, trois livres, ci 3.liv. 0.sol.

Coutils & semblables étoffes, le cent pesant payera comme mercerie, trois livres, ci . . . . 3.

Couvertures, Courtepointes, Loudiers & Tapis de Rouen, le cent pesant payera comme mercerie, trois livres, ci 3.

Couvertures de poil ou de ploc, le cent pesant payera vingt-deux sols, ci . . . . 1. 2.

Crêpes de Reims, la pièce payera huit sols, ci . . . . . 8.

Crêpes & autres ouvrages où il entre or & argent, la livre payera quarante sols, ci . . . . 2.

Crin de cheval, le cent pesant payera trente sols, ci . . 1. 10.

Cristal, le cent pesant payera comme mercerie, trois livres, ci . . . . 3.

Cuirs de bœufs tannés, de toutes sortes, la douzaine payera six livres, ci . . . . 6.

Cuirs de bœufs, vaches, & autres en couleur pour faire ceintures, la pièce payera dix sols, ci . . . . 10.

Cuirs de bœufs ou vaches du pays avec le poil, de toutes sortes, la douzaine payera trois livres, ci . . . . . . 3.

Cuirs de cheval tannés, la douzaine payera trois livres dix sols, ci . . . . 3. 10.

Cuirs de cheval avec le poil, la douzaine payera quarante sols, ci . . . . 2.

Cuirs de vaches tannés, la douzaine payera trois livres six sols, ci . . . . 3. 6.

Cuirs de vaches en grain pour faire empeignes, la pièce payera huit sols, ci . . . . 8.

Cuirs de vaches de roussy, la pièce payera douze sols, ci . . 12.

Cuirs secs à poil des Indes ou du Pérou, la pièce payera douze sols, ci . . . . 12.

Cuirs à poil de Barbarie, Cap-vert, Moscovie, Irlande & autres pays étrangers, la pièce payera dix sols, ci . . 10.

Cuirs dorés de toutes sortes, le cent pesant payera six livres, ci . . . . 6.

Cuivre

Cuivre tiré en or, la livre payera comme or & argent faux, trait & filé, six sols, ci 0.liv. 6.sols

Cuivre & Airain de toutes sortes, non ouvré, le cent pesant payera trois livres, ci . . . . 3.

Cuves de bois, la pièce contenant dix muids, payera trois livres, ci . . . . 3.

Et les autres plus ou moins grandes à proportion.

D

DAGUES & Couteaux de toutes sortes, le cent pesant payera comme mercerie, trois livres, ci . . . . . . 3.

Damas caffart, le cent pesant payera treize livres, ci . 13.

Deaux, Dez, Décrotoires, Demi-ceints de plomb ou étain, le cent pesant payera comme mercerie, trois livres, ci 3.

Dentelles & Passemens d'or & d'argent fin, la livre payera quarante sols, ci . . . . 2.

Dentelles d'or & d'argent fin, mêlé de soie, la livre payera trente sols, ci . . . . 1. 10.

Dentelles de soie, d'or & d'argent faux, de toutes sortes, la livre payera quinze sols, ci . . . . 15.

Dentelle fine de fil, le cent pesant payera quarante livres, ci 40.

Dentelle grossière de France, Liège, Lorraine & du Comté, le cent pesant payera dix livres, ci . . . . 10.

Dents d'éléphans, le cent pesant payera comme Ivoire, trois livres douze sols, ci . . . . 3. 12.

Dents de vaches marines, le cent pesant payera huit sols, ci 8.

Dominoterie, autrement papier peint, chargé de toile, le cent pesant payera trente-deux sols, ci . . . . 1. 12.

Et avec mercerie, comme mercerie.

Dragées de toutes sortes, le cent pesant payera quatre livres, ci . . . . 4.

Draps, Toiles & Etoffes d'or & d'argent, Satins brochés & non brochés, Velours, Satins & Damas à fleurs d'or & autres Draps, auxquels il y a or ou argent, tant riches, moyens, que petits, la livre payera quarante sols, ci 2.liv. 0. sols

Draps, Toiles & Etoffes de soie, d'or & d'argent faux, de toutes sortes de couleurs, Velours, Satins, Damas, Pannes, Taffetas, Serges, Tapis, & tous autres Draps de soie, la livre payera quatorze sols, ci . . . . 14.

Draps & Etoffes de fil, poil ou laine, mêlés de soie au quart, moitié, ou de quelqu'autre façon que ce soit, comme Ferrandine & autres, la livre payera quatre sols, ci . . . . 4.

Draps de laine de toutes façons, pays & couleurs, excepté les petits Draps pour doublûres, le cent pesant payera cent sols, ci . . . . 5.

Draps de lits neufs, de toile de lin, de chanvre ou étoupes, payeront le cent pesant comme Toile, suivant leur différente qualité.

Draps petits pour doublûres, d'Aumale, Beauvais, Valois, Abbeville, Amiens, Blangy, Mante, le Puy & Poitou, Feuilletins, Frisons, Droguets de laine, Frisons, Frises d'Angleterre & autres semblables petits Draps, le cent pesant payera trois livres, ci . . . . 3.

Droguet de fil & laine, le cent pesant payera trois livres, ci . . . . 3.

Droguet de fil & laine, mêlé de soie, le cent pesant payera six livres, ci . . . . 6.

E

EAU de fleur d'orange, le cent pesant payera trois livres, ci . . . . 3.

Eau de Nar & Naphe, & Essence odoriférente, le cent pesant payera trois livres, ci . . . . 3.

Eau de vie, la barique payera trois livres, ci . . . . . 3.

Eau de vie sortant par Anjou, Thouars & le Maine, & châtellenie de Chantoceaux, la barique payera douze livres, ci . . . . 12.

Echalas, la charretée payera onze sols, ci . . . . 11.

	liv.	ſols
E'chalas, le char payera dix-huit ſols, ci	0.	18.
E'chauffettes de fer, le cent peſant payera dix ſols, ci . .		10.
E'corce de chêne non hachée, le chariot payera vingt ſols, ci	1.	
Et la charretée dix ſols, ci		10.
E'corce de citron, le cent peſant payera comme Confiture, cent ſols, ci	5.	
E'guillettes de ſoie ferrées, la livre payera comme Rubans de ſoie, or & argent faux, douze ſols, ci		12.
E'mail, le cent peſant payera cent ſols, ci	5.	
E'pieux, la douzaine payera ſeize ſols, ci		16.
E'pinettes, payera comme mercerie, trois livres, ci . . .	3.	
E'ponges, le cent peſant payera vingt ſols, ci	1.	
Eſtamets de Lombardie & d'ailleurs, le cent peſant payera comme Serges, quatre livres, ci	4.	
E'tain de toutes ſortes, ouvré & non ouvré, le cent peſant payera quatre livres, ci	4.	
E'tamines d'Auvergne, le cent peſant payera quatre livres, ci	4.	
E'tamines de Reims, & Ras de Châlons & d'ailleurs, le cent peſant payera ſix livres, ci	6.	
E'toupes blanches, le cent peſant payera dix-huit ſols, ci		18.
E'toupes en bourre, le cent peſant payera huit ſols, ci . .		8.
E'traſſes ou Cardaſſes, le cent peſant payera comme Bourre de ſoie, cent ſols, ci	5.	
E'tuis de chapeaux, faits de bois, la pièce payera un ſol, ci		1.
E'ventails enrichis de bâtons d'ivoire & d'écaille de tortue, d'étoffes de ſoie peinturées, peaux de ſenteurs, valant au deſſus de dix livres, la douzaine payera trente ſols, ci	1.	10.
Eventails communs de toutes autres ſortes, le cent peſant payera comme mercerie, trois livres, ci	3.	

F

*F*ANONS de Baleine, le cent peſant payera quinze ſols, ci . . . . 0. liv. 15. sols

Farine, le baril peſant juſqu'à deux cens livres, payera trente ſols, ci . . . . 1. 10.

Faucilles, Faux ou Vollans de toutes ſortes, le cent peſant payera trente ſols, ci . . . . 1. 10.

Fenegrey, le cent peſant payera huit ſols, ci . . . . . . 8.

Fer ouvré & non ouvré, vieux ou neuf, le cent peſant payera huit ſols, ci . . . . 8.

Fèves & Pois, le muid contenant deux tonneaux, faiſant douze ſetiers meſure de Paris, payera comme légumes de toutes ſortes, douze livres; ſavoir, pour l'ancien droit, trente ſols, & pour la Traite domaniale, dix livres dix ſols, ci . . . . 12.

Feuilles de cartes à chaperonnières, le cent peſant payera vingt-deux ſols, ci . . . . 1. 2.

Feuilles de fer blanc & noir, ſimples, le cent en nombre payera douze ſols, & les doubles à proportion, ci . . . 12.

Ficelle & Fil de caret, le cent peſant payera comme Cordages, quarante ſols, ci . . . . 2.

Figues & Raiſins, comme Fruits ſecs, payera douze ſols, ci . . . . 12.

Fil d'arbalête, le cent peſant payera comme mercerie, trois livres, ci . . . . 3.

Fil d'archal ou de fer, de toutes ſortes, le cent peſant payera quarante ſols, ci . . . . 2.

Fil de chaînettes, le cent peſant payera quarante-quatre ſols, ci . . . . 2. 4.

Fil de laines fines à tapiſſeries, de toutes couleurs, le cent peſant payera ſept livres, ci . . . . 7.

Fil de laines, moyennes & groſſes, de toutes couleurs, le cent peſant payera trois livres, ci . . . . 3.

Fil d'or ou d'argent fin, la livre payera comme or & argent fin, trois livres quatre sols, ci 3.liv. 4.sols

Fil d'or ou d'argent faux, la livre payera comme or ou argent faux, six sols, ci . . . . 6.

Fil de laiton, le cent pesant payera quatre livres quatre sols, ci . . . . 4. 4.

Fil de lin & de chanvre, blanc, teint ou écru, d'Epinay, de Paris, de Lyon & d'ailleurs, le cent pesant payera comme mercerie, trois livres, ci . . . . 3.

Fil de poil de cheval, le cent pesant payera comme Crin de cheval, trente sols, ci . . . . 1. 10.

Fil de poil de vaches ou ploc, le cent pesant payera treize sols, ci . . . . 13.

Fil d'étoupes, de lin & chanvre blanc ou écru, le cent pesant payera vingt sols, ci . . . . 1.

Fillatrice, le cent pesant payera comme mercerie, trois livres, ci . . . . 3.

Fillières de fer, servant à tirer le Fil d'archal, le cent pesant payera trente-cinq sols, ci . . . . 1. 15.

Filoselle, le cent pesant payera dix-sept livres, ci . . . 17.

Flacons de terre, comme Bouteilles de terre, la douzaine payera un sol, ci. . . . . 1.

Flacons de verre, payera comme Bouteilles de verre, la douzaine, deux sols, ci . . . . 2.

Fleurées sortant de veudes, pour teinture, le cent pesant payera cent sols, ci . . . . 5.

Fleurets à faire des armes, payeront comme Lames d'épées, trois livres, ci . . . . 3.

Fleurets de toutes sortes, le cent pesant payera vingt-cinq livres, ci . . . . 25.

Foin, le chariot payera six sols, ci . . . . 6.

Et la charretée trois sols, ci . . . . 3.

Forces neuves à drapier, pour tondre, le cent pesant payera cent sols, ci . . . . 5.

Forces vieilles à drapier, pour tondre, le cent pesant payera cinquante-deux sols, ci . . . . . . , ... 2.liv. 12.sols

Frange de filoselle, le cent pesant payera onze livres dix sols, ci . . . . 11. 10.

Frange d'or, argent ou soie, payera comme Rubans d'or, argent & soie, la livre quarante sols, ci . . . . 2.

Friperies, le cent pesant payera comme Vieux habits & manteaux, trois livres dix sols, ci . . . . , . . . 3. 10.

Fromage d'Auvergne, de Hollande, Vachelins, Fromages en boulettes & de toutes autres sortes & pays, le cent pesant payera vingt-quatre sols, ci . . . . 1. 4.

Fromage de Milan, Florence, Massolin & de Maillorque, le cent pesant payera cinquante sols, ci . . . . 2. 10.

Fruits secs de toutes sortes, comme prunes, pommes, poires, raisins, amandes, figues, ris, capres, olives, & autres de toutes sortes, le cent pesant payera douze sols, ci . . . . 12.

Fuseaux, le millier en compte, payera deux sols, ci . . 2.

Fût & Bois de raquettes, le cent pesant payera seize sols, ci . . . . 16.

Fûtailleries de bois de Saint-Claude, & autres lieux, de toutes sortes, le cent pesant payera quarante sols, ci . . 2.

Fûtailles neuves, propres pour mettre vendanges, chacun poinçon payera quatre sols, ci . . . . 4.

Futaines de toutes sortes, le cent pesant payera quatre livres, ci . . . . 4.

G

GANTS en broderie d'or & d'argent fin, la douzaine de paires payera trois livres, ci . . . . 3.

Gants à frange d'or & d'argent, & garnis de rubans avec or & argent, la douzaine de paires payera vingt-quatre sols, ci . . . . 1. 4.

Gants de cuir ouvrés & garnis de rubans de soie, & gants

parfumés, de Rome, Eſpagne & autres lieux, la douzaine de paires payera vingt ſols, ci 1.liv. 0.ſols

Gants communs de ſenteur, au deſſous de huit livres, la douzaine de paires payera huit ſols, ci . . . . 8.

Gants communs de toutes autres ſortes, non garnis, le cent peſant payera comme mercerie, trois livres, ci . . . 3.

Garance, le cent peſant payera vingt-ſix ſols, ci . . . . 1. 6.

Garnitures de lits de point-coupé, paſſemens, laſſis & autres de fil, & garnitures de lits de toutes autres ſortes, les droits en ſeront payés à l'eſtimation de leur valeur, ſur le pied de ſix pour cent.

Geniſſes de deux ans, la pièce payera dix-huit ſols, ci . . 18.

Glands de fil de toutes ſortes, la livre payera huit ſols, ci 8.

Goultran, le leth, qui eſt de douze barils, payera trente-deux ſols, ci . . . . 1. 12.

Graine de jardin à ſemer, de toutes ſortes, le cent peſant payera vingt-ſix ſols, ci . . . . 1. 6.

Gravelée de toutes ſortes, le cent peſant payera quarante ſols, ci . . . . 2.

Grenas, payera comme Citrons, le cent en nombre, dix ſols, ci . . . . 10.

Groiſil ou Verre caſſé, le baril payera quatre ſols, ci . . 4.

Gru, le muid meſure de Paris, payera comme Orge, treize livres; ſavoir, pour l'ancien droit, vingt ſols; & pour la Traite domaniale, douze livres, ci . . . . 13.

Guesdes, le cent peſant payera comme Paſtel, quarante-ſix ſols, ci . . . . 2. 6.

H

HABILLEMENS neufs en broderie d'or & d'argent, ſur draps de ſoie, la livre payera quarante ſols, ci . . . . 2.

Habillemens neufs de ſoie, la livre payera ſeize ſols, ci . . 16.

Habillemens neufs de draps & ſerges, la livre payera deux ſols, ci . . . . 2.

Haches, Hanſſarts, Serpes & Coins de fer, le cent peſant payera huit ſols, ci . . . . o.liv. 8.ſols

Hadots & Sèches, le millier payera quarante ſols, ci . . 2.

Hallebardes, la douzaine payera comme Eſpieux, ſeize ſols, ci . . . . 16.

Harengs ſaurs, le leth, qui eſt de dix milliers, & Harengs blancs, le leth, qui eſt de douze barils, payera ſix livres, ci . . . . 6.

Harnois & Houſſes de cheval, couverts de velours ou en broderie, ou garnis de paſſemens, fil d'or & d'argent, ou autrement, les droits ſe payeront à raiſon de ſix pour cent de leur valeur.

Harnois de cuir ſimple, pour cheval, le cent peſant payera comme mercerie, trois livres, ci . . . . 3.

Harquebuſes. Voyez *Arquebuſes.*

Herbes de marroquins, le cent peſant payera comme Sumac, vingt ſols, ci . . . . 1.

Hermines ou Roſereaux, le cent peſant payera comme pelleteries, trois livres, ci . . . . 3.

Hoing, le cent peſant payera comme vieux Oing, vingt ſols, ci . . . . 1.

Houblon, le cent peſant payera dix ſols, ci . . . . 10.

Houlles de cuivre, campannes, grilles ou autre métal de fonte, en œuvre, le cent peſant payera comme batterie de cuivre, quarante ſols, ci . . . . 2.

Houlles de fer, le cent peſant payera comme Fer vieil & neuf, huit ſols, ci . . . . 8.

Huile de camomille, chenevis, lin, noix, navette, rabettes & autres, le cent peſant payera vingt ſols, ci . . . . 1.

Huile ou graiſſe de Baleine & autres poiſſons, le cent peſant payera huit ſols, ci . . . . 8.

Huile d'olive, le cent peſant payera vingt-quatre ſols, ci 1. 4.

I

JAMBONS de Bayonne, Mayence & autres, le cent pesant payera trente-deux sols, ci 1.liv. 12.sols

Jaspe, le pied en carré payera deux sols, ci . . . . . . 2.

Jayet ou Jais, lisse & brut, le cent pesant payera comme mercerie, trois livres, ci . . . . 3.

Images peintes sur toile ou bois, le cent pesant payera comme tableaux, trois livres, ci . . . . 3.

Images peintes sur le papier, le cent pesant payera comme dominoterie, trente-deux sols, ci . . . . 1. 12.

Jonc d'Espagne, le cent pesant payera comme Battin, trente sols, ci . . . . 1. 10.

Jumens, la pièce payera comme chevaux petits, à labourer, quarante sols, ci . . . . 2.

Ivoire, Dents d'Eléphant ou Morfil, le cent pesant payera trois livres douze sols, ci . . . . 3. 12.

L

LACETS de laine ou de fil, le cent pesant payera comme mercerie, trois livres, ci . . . . 3.

Lacets de soie, la livre payera comme Eguillettes de soie, douze sols, ci . . . . 12.

Lacque de Venise, pour teintures, le cent pesant payera vingt-deux livres, ci . . . . 22.

Laine d'aignelin en suin, le cent pesant payera douze livres; savoir, pour l'ancien droit, vingt sols; & pour la Traite domaniale, onze livres, ci . . . . 12.

Laine d'Autriche, le cent pesant payera sept livres douze sols; savoir, pour l'ancien droit, douze sols; & pour la Traite domaniale, sept livres, ci . . . . 7. 12.

Laine de toutes sortes, le cent pesant payera quinze livres; savoir, pour l'ancien droit, trois livres; & pour la Traite domaniale, douze livres, ci . . . . 15.

Article	liv.	ſols
Laine ſine filée, payera comme fil de laine fine à faire tapiſſeries, le cent peſant, ſept livres, ci	7.	0.
Laines moyennes & groſſes, filées, le cent peſant payera comme fil de laine moyenne & groſſe, trois livres, ci	3.	
Laiton non ouvré, le cent peſant payera comme cuivre, trois livres, ci	3.	
Lames, Gardes d'épées, & Dagues de fer, payera comme mercerie, trois livres, ci	3.	
Landiers de cuivre, le cent peſant payera comme batterie de cuivre, quarante ſols, ci	2.	
Lanternes, la douzaine payera trois ſols, ci		3.
Lard de toutes ſortes, le cent peſant payera vingt ſols, ci	1.	
Lattes, le millier payera dix-huit ſols, ci		18.
Légumes de toutes ſortes, où ſont compris, Pois, Fèves, graines de Lin, Pois chiches, Veſſe, Lentilles, Chenevis, Navettes, Senevé, Mil, ou Millet, Panis, Piley, Bled de Turquie & autres ſemblables Grains & Légumes, le muid contenant deux tonneaux, faiſant douze ſetiers meſure de Paris, payera douze livres; ſavoir, pour l'ancien droit, trente ſols; & pour la Traite domaniale, dix livres dix ſols, ci	12.	
Librairie, mêlée avec mercerie, payera comme mercerie, trois livres, ci	3.	
Etant ſeule, ne payera rien.		
Liège, le cent peſant payera dix-ſept ſols, ci		17.
Ligature commune, le cent peſant payera comme mercerie, trois livres, ci	3.	
Ligature de ſoie & fil, le cent peſant payera cent ſols, ci	5.	
Limailles de cuivre ou d'épingles, ſervant à plomber pots de terre, le cent peſant payera trente-quatre ſols, ci . .	1.	14.
Limailles de fer, le cent peſant payera cinq ſols, ci . .		5.
Lin crud, ſans apprêter, le cent peſant payera cinquante ſols, ci	2.	10.
Lin prêt à filer, le cent peſant payera quatre livres dix ſols, ci	4.	10.
Linge de table, fait de fil de lin ou chanvre, ouvré & non		

ouvré, y compris Nappes & Serviettes de toutes ſortes, le cent peſant payera comme Toile de lin & de chanvre, ſelon leur qualité.

Linge vieux, vieux Drapeaux, Drilles & Pattes, ſortant par les provinces du dedans du royaume, le cent peſant payera vingt ſols, ci 1.liv. 0.ſols

Et pour aller aux pays étrangers, le cent peſant payera ſix livres; ſavoir, pour l'ancien droit, vingt ſols, & cinq livres pour la Traite domaniale, ci . . . . 6.

Lingerie fine, de toutes ſortes, ſoit de Lin ou de Chanvre, ſans dentelle, comme Collets, Manchettes, Chemiſes de toile fine de Hollande, Canons, Mouchoirs, & autres ſemblables, le cent peſant payera dix livres; ſavoir, trois livres pour l'ancien droit, & ſept livres pour la Traite domaniale, ci . . . . 10.

Liſières de drap, le cent peſant payera vingt-ſix ſols, ci 1 6.

Loudiers, Courte-pointes & Couvertures de Ploc, le cent peſant payera comme Couvertures de Ploc, vingt-deux ſols, ci . . . . 1. 2.

Loups Cerviers d'Eſpagne & autres pays, la pièce payera treize ſols, ci . . . . 13.

Loups Cerviers de Levant, la pièce payera trois livres, ci 3.

Luths & autres inſtrumens, le cent peſant payera comme mercerie, trois livres, ci . . . . 3.

M

Malles, Mallettes & Bougettes, le cent peſant payera comme boîtes ferrées, vingt-ſix ſols, & avec mercerie, comme mercerie, ci . . . . 1. 6.

Manchons de toutes ſortes, payeront à l'eſtimation de leur valeur, à raiſon de ſix pour cent.

Manteaux vieux, le cent peſant payera trois livres dix ſols, ci . . . . 3. 10.

Maquereaux, le leth, qui eſt de douze barils, payera cent ſols, ci . . . . 5.

D ij

	liv.	sols
Marbre, le pied en carré payera deux ſols, ci	0.	2.
Marmelades, le cent peſant payera comme Confitures, cent ſols, ci	5.	
Marrons, le cent peſant payera ſix ſols, ci		6.
Marroquins de Levant, la douzaine payera trois livres, ci	3.	
Marroquins & Cordouans de toutes ſortes, paſſés & non paſſés en tan, ſumach & autres, la douzaine payera vingt-cinq ſols, ci . . . . , ...	1.	5.
Marſouin, le cent peſant payera dix-huit ſols, ci . . .		18.
Martes, Zébelines ſublimes, excellentes, le timbre tenant vingt couples, payera quarante livres, ci	40.	
Martes, Zébelines moyennes, le timbre payera treize livres, ci	13.	
Martes, Zébelines moindres, le timbre payera cent dix ſols, ci . . . . , ... , ...	5.	10.
Matelas pour coucher, le cent peſant payera trente ſols, ci	1.	10.
Mats de ſapin de douze paumes & au deſſus, la pièce payera trente-cinq ſols, ci	1.	15.
Mats de ſapin, depuis ſept paumes de groſſeur juſqu'à douze, la pièce payera vingt ſols, ci	1.	
Mats de ſapin de ſix paumes de groſſeur & au deſſous, la pièce payera dix ſols, ci . . . . , .		10.
Melaſſes ſortant du ſucre, le tonneau contenant trois muids, payera quatre livres dix ſols, ci	4.	10.

Mercerie menue & mêlée, à laquelle ſont compriſes les marchandiſes qui enſuivent :

SAVOIR,

ALENES.

Armes.

Arquebuſes, Piſtolets & autres armes & Bandoulières.

Bas, Bonnets, Gants & autres ſemblables ouvrages de laine.

Baſſins & Couppes de verre.

Boîtes de ſapin peintes.

Bombaſins.

Boucaſſins.

Bourſes de cuir & laine.

Boutons de crin, verre & rocaille.
Cabinets d'Allemagne de peu de valeur.
Caffarts de village.
Campannes.
Canivets.
Cartelets.
Castalongnes & Mantes.
Chapeaux de feutres & laines communes, garnis & non garnis.
Chapelets d'ambre, verre, rocaille, & autres de bois.
Chaussons.
Ciseaux.
Clous à Selliers & Cordonniers.
Cordons de toutes sortes, sans or, argent & soie.
Cornes de lanterne.
Couteaux.
Coutils.
Décrottoires.
Demi-ceints.
Dez à jouer.
Droguet.
Ecouvettes.
Ecritoires.
Eguilles.
Eguillettes de cuir, fil & laine.
Eperons de fer.
Epinettes, Manicordions, & autres instrumens.
Epingles.
Epoussettes.
Etriers.
Etuis.
Fausses pierres.
Fil d'arbaletre.
Fil de laine, de chanvre blanc & teint, de toutes sortes.
Fillatrice.
Feutres pour Sellier.
Gants communs.
Jettons.
Malles.
Meules.
Mézelaines.
Miroirs communs.
Mitaines & moufles de laine.
Mors de brides.
Moucade.
Orpeaux, & tous autres petits cuirs chargés d'or.
Patenotres sans orfévrerie.
Peaux de cuir, blanches & teintes.
Peignes de buis & corne.
Picottes, Plumettes, & autres semblables étoffes, sans soie.
Plumes à écrire.
Poupées d'eau.
Ramonnettes racoutrées en vergettes.
Raquettes.
Rosettes ou Clous à Sellier.
Sangles.
Seringues pour Apothicaires.
Soie de porc.
Sonnettes.
Tableaux.
Tabourets ou Pelotons.
Tapis de Tournay.
Tapisseries & Couvertures de Rouen.
Toiles peintes.
Verges à estendre.
Verres à boire.

Et généralement toutes sortes de Merceries de Paris, Lyon, Limoges, & autres lieux & endroits de ce royaume, parmi lesquelles sont exceptées celles qui sont garnies & enrichies de soie, or & argent fin ou faux, le cent peſant payera trois livres, ci 3.liv. 0.sols

Meulardes au deſſous de quatre pieds, la pièce payera trente-deux ſols, ci . . . . 1. 12.

Meuleaux ou Œuillards, la pièce payera ſeize ſols, ci . . 16.

Meules à moulins, de ſix à ſept pieds de diamètre, la pièce payera huit livres quatre ſols, ci . . . . 8. 4.

Meules de quatre à cinq pieds de diamètre, la pièce payera trois livres quatre ſols, ci . . . . 3. 4.

Meules à taillandiers, gagne-petits, la pièce payera deux ſols, ci . . . . 2.

Miel de toutes ſortes, le cent peſant payera vingt-ſix ſols, ci 1. 6.

Miroirs communs, le cent peſant payera comme mercerie, trois livres, ci . . . . 3.

Miroirs avec leurs glaces, ſoit d'ébène ou autres bois enrichis, payeront ſelon l'eſtimation qui en ſera faite, à raiſon de ſix pour cent.

Mitraille ou vieille batterie de cuivre ou airain, le cent peſant payera quarante ſols, ci . . . . 2.

Moncayards, le cent peſant payera comme Burail liſſe & croiſé, ſept livres, ci . . . . 7.

Morfil, le cent peſant payera comme Ivoire, trois livres douze ſols, ci . . . . 3. 12.

Morue, le leth, qui eſt de douze barils, payera ſix livres, ci 6.

Morue sèche, Merluches ou Stockfich, le millier payera quatre livres dix ſols, ci . . . . 4. 10.

Morue verte en pille, le millier en nombre payera ſix livres, ci . . . . 6.

Moucades, le cent peſant payera comme mercerie, trois livres, ci . . . . 3.

Moulée pour teindre, le baril payera ſix ſols, ci . . . 6.

Moutons & Brebis, grands & petits, gras ou maigres, la pièce payera quatre ſols, ci . . . . 4.

Moutons & Chevreaux, paſſés & apprêtés en Chamois,

la douzaine payera comme Chevreaux, ſeize ſols, ci 0.liv. 16.ſols

Mules & Mulets, la pièce payera comme Chevaux, ſuivant leur différence.

N

NOIR à noircir, le cent peſant payera vingt-cinq ſols, ci 1. 5.

Noix, le poinçon payera douze ſols, ci . . . . 12.

O

OCRE ou craie blanche, noire, jaune ou rouge, le baril payera quatre ſols, ci . . . . 4.

Œufs, le cent en nombre payera deux ſols, ci . . . . 2.

Oignons, le cent de bottes payera douze ſols, ci . . . . 12.

Olives de France, le cent peſant payera comme fruits ſecs, douze ſols, ci . . . . 12.

Olives d'Eſpagne, de Gènes & Lucques, payeront, le cent peſant, comme fruits ſecs, douze ſols, ci . . . . . . 12.

Or battu, le millier de feuilles payera trente-ſix ſols, ci 1. 16.

Or & argent trait, faux & filé, la livre payera ſix ſols, ci 6.

Or & argent trait, fin & filé, la livre payera trois livres quatre ſols, ci . . . . 3. 4.

Oranges, le millier en nombre payera dix ſols, ci . . 10.

Oreillons de toutes ſortes à faire colles, le cent peſant payera quatre ſols, ci . . . . 4.

Orge, le muid meſure de Paris, payera treize livres; ſavoir, pour l'ancien droit, vingt ſols, & pour la Traite domaniale, douze livres, ci . . . . 13.

Orſeille ou Tourneſol, apprêtée, le cent peſant payera quarante ſols, ci . . . . 2.

Orſeille ou Tourneſol en herbe, non apprêtée, le cent peſant payera trente-quatre ſols, ci . . . . 1. 14.

Os de bœufs & vaches, le millier en nombre payera treize ſols, ci . . . . 13.

Osier, le cent de bottes, payera vingt sols, ci 1.liv. 0.sols

Ouvrages de fil, fins, soit de Flandre ou autres lieux, sans sur toile, la livre payera dix huit sols, ci . . . . 18.

Ouvrages fans d'osier fin, soit de Flandre ou d'ailleurs, le cent pesant payera comme mercerie, trois livres, ci 3.

P

PAILLE, le char payera deux sols, ci . . . . 2.

Pain d'épices, le cent pesant payera treize sols, ci . . . 13.

Papier blanc & noir de toutes sortes, soit à écrire ou imprimer, le cent pesant payera seize sols, ci . . . . 16.

Parchemin neuf, la grosse de peaux payera quarante sols, ci 2.

Parchemin vieux, le cent pesant payera six sols, ci . . . 6.

Passemens & Dentelle de fil, le cent pesant payera comme Dentelle de fil, quarante livres, ci . . . . 40.

Passemens, Rubans & Ceintures de capiton, bourre de soie, filoselle, sayette, le cent pesant payera comme Ceintures de filoselle, huit livres huit sols, ci . . . . 8. 8.

Pastel ou Poudre de Guelde, le cent pesant payera quarante-six sols; savoir, pour l'ancien droit, six sols; & pour la Traite domaniale, quarante sols, ci . . . . 2. 6.

Patenotres de bois, Moulles de boutons, Sifflets, Manches d'alênes, Peignes, Cuilliers & autres ouvrages de bois, le cent pesant payera quarante sols, & avec mercerie, comme mercerie, ci . . . . 2.

Peaux d'agneaux, avec la laine, la douzaine payera trois sols, ci . . . . 3.

Peaux de bœufs ou de vaches, avec le poil, de toutes sortes, la douzaine payera quatre livres quatre sols, ci 4. 4.

Peaux de bœufs ou vaches, apprêtées & passées en couleur, la pièce payera comme Cuir de bœufs ou vaches en couleur, dix sols, ci . . . . 10.

Peaux de castors & bièvres, le cent pesant payera vingt-quatre livres, ci . . . . 24.

Peaux

	liv.	sols
Peaux de cerfs & chevreuils, non apprêtées, tant grandes que petites, l'une portant l'autre, la pièce payera six sols, ci	0.	6.
Peaux de chèvres, tannées, la douzaine payera neuf sols, ci		9.
Peaux de chiens de mer apprêtées, le cent pesant payera six livres, ci	6.	
Peaux de chiens non apprêtées, le cent pesant payera vingt sols, ci	1.	
Peaux de cuir, blanches, le cent pesant payera comme mercerie, trois livres, ci	3.	
Peaux de loups, la pièce payera trois sols, ci		3.
Peaux de loups cerviers d'Espagne & autres pays, la pièce payera comme Loups cerviers d'Espagne, treize sols, ci		13.
Peaux de loups cerviers de Levant, la pièce payera comme Loups cerviers de Levant, trois livres, ci	3.	
Peaux de loups marins, la douzaine payera dix-huit sols, ci		18.
Peaux de moutons & chevreaux, passées & apprêtées en façon de chamois, la douzaine payera comme Chevreaux apprêtés, seize sols, ci		16.
Peaux de moutons en laine, de boucs & chèvres, avec le poil, la douzaine payera sept sols, ci		7.
Peaux d'orignac & élans, avec le poil, la pièce payera dix sols, ci		10.
Peaux d'ours, la douzaine payera vingt-un sols, ci . . .	1.	1.
Peaux d'ours marins, apprêtées avec le poil, ou passées en mesquis, de toutes sortes, le cent pesant payera quarante-huit sols, ci	2.	8.
Peaux d'ours marins, non apprêtées, tant grandes que petites, la douzaine payera dix-huit sols, ci		18.
Peaux de senteur, la douzaine payera douze sols, ci . .		12.
Peaux de vaches de Roussy, la pièce payera comme Cuir de vache de Roussy, douze sols, ci		12.
Peaux de veaux corroyées, la douzaine payera seize sols, ci		16.
Peaux de veaux à poil, la douzaine payera six sols, ci . .		6.

Peaux de veaux tannées, la douzaine payera comme Basanes, six sols, ci 0.liv. 6.sols

Pelissons, la pièce payera neuf sols, ci . . . . 9.

Pelles & poulies de bois, le cent en nombre payera six sols, ci . . . . 6.

Pelleteries de toutes autres sortes, comme renards, loutres, fouines, pictois, connils, crues & ouvrées, ou peaux de chiens apprêtées, le cent pesant payera trois livres, ci . . . . 3.

Perelle à teintures, le cent pesant payera neuf sols, ci . . 9.

Picques ferrées & non ferrées, le cent pesant payera dix-huit sols, ci . . . . 18.

Piennes ou coupures de fil de laines, de toutes sortes, le cent pesant payera vingt sols, ci . . . . 1.

Pierre à bâtir, le tonneau, qui est de deux milliers pesant, payera huit sols, ci . . . . 8.

Pierre d'Emery, le cent pesant payera dix-huit sols, ci . . 18.

Pierreries & perles, sortant par passeports, payeront à raison de six pour cent, suivant l'estimation qui en sera faite.

Pierres d'arquebuses, le cent pesant payera vingt-six sols, ci . . . . 1. 6.

Pierres à faucheur, pierre à affiler, & pierre de faux ou d'aille, le cent pesant payera douze sols, ci . . . . . 12.

Pignons, le cent pesant payera comme Fruits secs, douze sols, ci . . . . 12.

Planches de chêne ou bois de bord, le cent de pieds, de deux pouces d'épaisseur & un pied de largeur, à douze pouces pour pied, payera quarante sols, ci . . . . . . 2.

Planches de sapin, le cent en nombre payera comme Ais de sapin, trois livres dix sols, ci . . . . 3. 10.

Plâtre, le mont payera trois sols, ci . . . . 3.

Platte ou grand bateau, la pièce payera dix livres, ci . . 10.

Platte moyenne, la pièce payera cent sols, ci . . . . . 5.

Ploc de toutes sortes, le cent pesant payera comme Fil de poil de Vaches, treize sols, ci . . . . 13.

Plomb ouvré & non ouvré, le cent peſant payera douze ſols, ci 0.liv. 12.ſols

Plumes d'autruches apprêtées, la livre payera ſix ſols, ci 6.

Plumes d'autruches non apprêtées, y compris les bouts, la livre payera trois ſols, ci . . . . 3.

Plumes à écrire, de toutes ſortes, le cent peſant payera comme mercerie, trois livres, ci . . . . 3.

Plumes à faire lits, le cent peſant payera trente-deux ſols, ci 1. 12.

Poêles à frire, le cent peſant payera vingt ſols, ci . . . 1.

Poids de marc de cuivre & laiton, le cent peſant payera comme mercerie, trois livres, ci . . . . 3.

Poil de caſtors & bièvres, le cent peſant payera cent dix livres, ci . . . . 110.

Poil de chiens, chèvres, & autres ſemblables, le cent peſant payera comme Ploc, treize ſols, ci . . . . . 13.

Poil de lapins & chameaux, le cent peſant payera ſix livres, ci . . . . 6.

Poiſſon de mer, ſalé, de toutes ſortes, dont il n'eſt fait particulière mention au préſent état, le cent peſant payera cent ſols, ci . . . . 5.

Poix blanche & noire, & Poix raiſine, le cent peſant payera ſeize ſols, ci . . . . 16.

Pommes, Poires & autres fruits, de toutes ſortes, la charge de cheval, de deux barils, payera quatre ſols, ci . . 4.

Porcelaine, le cent peſant payera ſix livres, ci . . . . . 6.

Porcelets de ſix mois, la pièce payera cinq ſols, ci . . . 5.

Porcs & Truies, la pièce payera quinze ſols, ci . . . 15.

Pots & Marmites de fer, le cent peſant payera comme fer ouvré, huit ſols, ci . . . . 8.

Pots & Plats de terre, tant grands que petits, la douzaine payera huit deniers, ci 8.d

Poulains d'un an à dix-huit mois, la pièce payera quarante ſols, ci . . . . 2.

Poulains, Jumens, Mules & Mulets au deſſus de deux ans

jusqu'à trois, la pièce payera cinquante sols, ci 2.liv. 10.sols

Poulains de lait jusqu'à six mois, la pièce payera vingt sols, ci 1.

Poulains, mâles ou femelles, de trois à quatre ans, propres à la selle, la pièce payera six livres, ci . . . . 6.

Poudre à canon, de toutes sortes, le cent pesant payera quatre livres, ci . . . . 4.

Poudre de senteurs & Pommades, de toutes sortes, le cent pesant payera comme mercerie, trois livres, ci 3.

Pruneaux, de toutes sortes, le cent pesant payera comme Fruits secs, douze sols, ci . . . . 12.

Q

QUINCAILLERIE de cuivre, de toutes sortes, le cent pesant payera quarante sols, ci . . . . 2.

Quincaillerie grosse, de fer & acier, le cent pesant payera vingt sols, ci . . . . 1.

R

RAISINS & figues, le cent pesant payera comme Fruits secs, douze sols, ci . . . . 12.

Rapatelle, ou Toile faite de queue ou crin de cheval, pour faire Sas, le cent pesant payera douze sols, ci . . 12.

Raquettes ou Ramonettes, le cent pesant payera comme mercerie, trois livres, ci . . . . 3.

Réchaux de fer, le cent pesant payera comme Échauffettes de fer, dix sols, ci . . . . 10.

Rets à pêcher, faits de fil de chanvre ou étoupe de lin, le cent pesant payera quarante sols, ci . . . . 2.

Retz de charrue, le millier en nombre payera dix sols, ci 10.

Revêches & Basettes de Flandre ou Angleterre, le cent pesant payera comme Draps petits, trois livres, ci . . 3.

Riz, le cent pesant payera comme Fruits secs, douze sols, ci . . . . 12.

	liv.	sols
Rognûres de cartes, le cent peſant payera quatre ſols, ci	0.	4.
Rognûres de laiton, le cent peſant payera vingt-cinq ſols, ci	1.	5.
Rognûres de peaux, le cent peſant payera ſix ſols, ci . .		6.
Roſes du crû de France, le cent peſant payera cent ſols, ci	5.	
Rubans de fil ou laine, le cent peſant payera comme mercerie, trois livres, ci	3.	
Rubans de filoſelle, le cent peſant payera comme Paſſemens de filoſelle, huit livres huit ſols, ci	8.	8.
Rubans & tous autres ouvrages tiſſurés d'or & d'argent faux & de ſoie, la livre payera douze ſols, ci		12.
Rubans & tous autres ouvrages tiſſurés d'or & d'argent fin, ou mêlé d'or & d'argent avec ſoie, la livre payera trente ſols, ci	1.	10.

S

SABOTS, la charretée payera ſeize ſols, ci		16.
Sabots, le chariot chargé payera trente-deux ſols, ci	1.	12.
Safran du crû de France, le cent peſant payera quarante livres, ci	40.	
Salpêtre, le cent peſant payera quatre livres, ci . . .	4.	
Sapins, le cent en nombre payera vingt-ſix ſols, ci . .	1.	6.
Sapins petits, le cent en nombre payera douze ſols, ci		12.
Sardines, le baril payera dix ſols, ci		10.
Satins de Bruges, le cent peſant payera comme Damas caffarts, treize livres, ci	13.	
Saumons, le leth, qui eſt de douze barils ou huit hambourgs, payera ſix livres, ci	6.	
Savon blanc, le cent peſant payera vingt ſols, ci . . .	1.	
Savon noir, le cent peſant payera dix ſols, ci		10.
Sèches, le millier payera comme Hadots, quarante ſols, ci	2.	
Seigle, le muid meſure de Paris, payera ſeize livres dix ſols; ſavoir, pour l'ancien droit, trente ſols; & pour la Traite domaniale, quinze livres, ci	16.	10.

	liv.	sols
Seilles, la douzaine payera deux ſols, ci	0.	2.
Sel, le muid meſure de Paris, payera vingt-cinq ſols, ci	1.	5.
Selles pour cheval, garnies de velour en broderie d'or & d'argent, ou enrichies, les droits ſe payeront à l'eſtimation, à raiſon de ſix pour cent de leur valeur.		
Selles garnies de velours, la pièce payera vingt ſols, ci	1.	
Selles ſimples, pour cheval, la pièce payera ſix ſols, ci		6.
Serges de laine & Serges drapées, de toutes ſortes, façons & couleurs, le cent peſant payera quatre livres, ci	4.	
Serviettes & Nappes. Voyez *Linge* de table.		
Sidre & Poiré, le tonneau payera comme Biére, vingt-ſix ſols, ci	1.	6.
Sirop d'Alkermes, la livre payera quatre ſols, ci . . .		4.
Soie crue, la livre payera vingt ſols, ci	1.	
Soie cuitte, teinte & à coudre, de toutes ſortes & couleurs, la livre payera douze ſols, ci		12.
Soudes, le cent peſant payera dix ſols, ci		10.
Soufflets de Maréchal, la paire payera ſix ſols, ci . . .		6.
Soufflets petits, la douzaine payera trois ſols, ci . . .		3.
Souliers neufs, la douzaine de paires payera huit ſols, ci		8.
Souliers vieux, la douzaine de paires payera ſix deniers, ci		6.d.
Stockfich, la balle contenant un millier, payera comme Morue sèche, quatre livres dix ſols, ci	4.	10.
Suif de toutes ſortes, le cent peſant payera vingt-cinq ſols, ci	1.	5.
Sumach du crû de France, à faire teintures, le cent peſant payera vingt ſols, ci	1.	

T

TABLEAUX de toutes ſortes, ſans enrichiſſemens, le cent peſant payera comme mercerie, trois livres, ci	3.	
Tapis de Moucades, de Tournay; Tapis de tapiſſeries, & Couvertures de Rouen, le cent peſant payera comme mercerie, trois livres, ci	3.	

Tapis velus, de Turquie ou d'ailleurs, le cent peſant payera huit livres, ci 8.liv. 0.sols

Tapiſſeries de cuirs dorés, le cent peſant payera comme Cuirs dorés, ſix livres, ci . . . . 6.

Tapiſſeries de Flandre ou d'ailleurs, excepté de Feuilletin, le cent peſant payera treize livres, ci . . . . . . 13.

Tapiſſeries fines, neuves & vieilles, de la Marche, Flandre & d'ailleurs, mêlées d'or & d'argent, payera à raiſon de ſix pour cent de la valeur.

Tapiſſeries fines de la Marche, vieilles & neuves, ſans or ni argent, le cent peſant payera vingt-ſix livres, ci 26.

Tapiſſeries ou Droguet de Rouen & autres lieux, avec un filet de ſoie, d'or ou d'argent faux, le cent peſant payera trois livres, ci . . . . 3.

Tapiſſeries de Rouen, le cent peſant payera comme mercerie, trois livres, ci . . . . 3.

Tapiſſeries ou Tapis de Feuilletin, d'Auvergne, Lorraine, & autres ſemblables, le cent peſant payera quatre livres, ci 4.

Taureaux de deux à trois ans, la pièce payera vingt-ſix ſols, ci 1. 6.

Toile vieille. Voyez *Vieux* linge.

Toiles de chanvre blanches ou écrues, groſſes, moyennes, compris celles de Champagne, dites Daruis, Brins & Meſlins, ouvrées & non ouvrées; Canevas & Toiles d'Ollone, Toiles d'étoupes & de lin, le cent peſant payera trois livres dix ſols; ſavoir, trente ſols pour l'ancien droit, & quarante ſols pour la Traite domaniale, ci . . . . 3. 10.

Toiles de coton & Treillis d'Allemagne, le cent peſant payera trois livres; ſavoir, vingt ſols pour l'ancien droit, & quarante ſols pour la Traite domaniale, ci . . . . 3.

Toiles de lin, de toutes ſortes & façon, blanches ou écrues, fines ou groſſes, Linge ouvré & non ouvré, pour table, de quelque ſorte que ce ſoit, le cent peſant payera dix livres; ſavoir, trois livres pour l'ancien droit, & ſept livres pour la Traite domaniale, ci . . 10.

Toiles à Tamis, le cent peſant payera comme Rapatelle; douze ſols, ci 0.liv. 12.ſols

Toiles d'étoupes de chanvre, de toutes ſortes, le cent peſant payera cinquante ſols; ſavoir, vingt ſols pour l'ancien droit, & trente ſols pour la Traite domaniale, ci . . 2. 10.

Tonnines ou autres poiſſons de mer, le cent peſant payera dix-huit ſols, ci . . . . 18.

Tournesol, le cent peſant payera comme Orſeille.

Tourtes de navettes, rabettes & de lin, le millier en nombre payera vingt ſols, ci . . . . 1.

Tourtes de noix, le millier en nombre payera trente ſols, ci 1. 10.

Tourteaux, le cent peſant payera huit ſols, ci . . . . . 8.

Tranchoirs de bois, la groſſe payera huit deniers, ci . . 8.d

Treillis & Toile d'Allemagne, le cent peſant payera comme Toile de coton, trois livres; ſavoir, pour l'ancien droit, vingt ſols, & quarante ſols pour la Traite domaniale, ci . . . . 3.

Treſſes & Tiſſûres d'or & argent, la livre payera comme Rubans, quarante ſols, ci . . . . 2.

Tripes de velours, le cent peſant payera dix livres, ci 10.

Truittes, le cent en nombre, payera quarante ſols, ci . . 2.

Tuiles à crochet, le millier en nombre payera dix ſols, ci 10.

V

VACHES vives ou mortes, tuées & habillées, graſſes ou maigres, la pièce payera quarante ſols, ci . . . . 2.

Vaiſſelle d'argent, de toutes ſortes, ſortant par paſſeports, le marc payera, tant en foires que hors foires, trente ſols, ci . . . . 1. 10.

Vaiſſelle d'étain, le cent peſant payera comme Etain ouvré, quatre livres, ci . . . . 4.

Vaiſſelle de fayence, tant grande que petite, la douzaine payera trois ſols, ci . . . . 3.

Vans à vanner, la douzaine payera douze ſols, ci . . . . 12.

Veaux

	liv.	sols
Veaux gras ou maigres, la pièce payera ſix ſols, ci . . .	0.	6.
Verdet ou Verd de gris, le cent peſant payera cinquante ſols, ci	2.	10.
Vergettes, le cent peſant payera comme mercerie, trois livres, ci	3.	
Verjus, le tonneau payera vingt-quatre ſols, ci	1.	4.
Verre caſſé, le baril payera comme Groiſil, quatre ſols, ci		4.
Verres en tables, pour faire vitres, chacune charretée contenant quatre paniers, payera trois livres, ci	3.	
Verres, Taſſes, Coupes, Baſſins de Criſtal de Veniſe ou d'ailleurs, le cent peſant payera comme mercerie, trois livres, ci	3.	
Verres de toutes autres ſortes, pour boire, le cent peſant payera vingt ſols, ci	1.	
Vieux oing, le cent peſant payera vingt ſols, ci	1.	
Vin de quelques pays ou crû que ce ſoit, ſortant par les provinces de Champagne & Bourgogne, le tonneau meſure de Paris, faiſant trois muids, payera dix livres; ſavoir, pour l'ancien droit, quarante ſols; & pour la Traite domaniale, huit livres, ci	10.	
Vinaigre de toutes ſortes, le tonneau payera vingt ſols, ci	1.	
Et les Vins ſortant par les autres provinces de l'étendue deſdites Fermes, le tonneau payera douze livres; ſavoir, quarante ſols pour l'ancien droit, & dix livres pour la Traite domaniale, ci	12.	
Et les Vins ſortant de la ville & banlieue de Rouen, tant pour les pays étrangers que pour la province de Normandie, payeront pour les droits portés par les déclation de 1638, & les augmentations d'icelle, par chacun tonneau faiſant trois muids, douze livres, outre leſdits droits du précédent article, ci	12.	

Et à l'égard des Vins ſortant par les provinces d'Anjou, le Maine, Thouars & châtellenie de Chantoceaux, le tonneau payera la ſomme de ſeize livres; ſavoir, trois livres pour les anciens droits, & treize livres pour la Traite domaniale, ci 16.liv. 0.sols

Voide ou Guelde, qui eſt une eſpèce de paſtel, la cuvée, du poids de huit cens livres, payera quatre livres douze ſols; ſavoir, pour l'ancien droit douze ſols; & pour la Traite domaniale, quatre livres, ci . . . . 4. 12.

Voides en branches, le cent de bottes payera quatre livres, ci . . . . 4.

Volailles, la douzaine payera cinq ſols, ci . . . . 5.

Uſblat, autrement Colle de poiſſon, le cent peſant payera vingt ſols, ci . . . . 1.

Quant aux autres Drogueries & Epiceries, non employées au préſent état, qui ſeront venues des pays étrangers, & dont les droits d'entrée ſe juſtifieront avoir été payés, leſquelles reſſortiront le royaume, ou ſeront portées aux provinces où les Aides n'ont cours, Sa Majeſté entend qu'elles ne payeront aucun droit de Sortie.

Et où il y auroit d'autres ſortes de marchandiſes omiſes à être employées au préſent état; entend auſſi Sa Majeſté, que l'appréciation en ſoit faite par ſes Fermiers ou leurs Commis, du conſentement des marchands intéreſſés; & en cas de conteſtation, ils ſeront réglés ſur le champ, par les Officiers deſdites Traites, pour en être les droits payés, à raiſon de cinq pour cent de leur valeur.

Fait & arrêté au Conſeil royal des finances, tenu à Vincennes, le dix-huitième jour de ſeptembre mil ſix cens ſoixante-quatre. *Signé* Berryer.

TARIF GE'NE'RAL

DES DROITS D'ENTRE'ES du royaume, & des provinces esquelles les Bureaux ne sont établis ; ordonnés être levés sur toutes les marchandises & denrées.

Arrêté au Conseil royal le 18 Septembre 1664.

E'TAT & Tarif du Droit que le Roy, étant en son Conseil de Commerce, a ordonné être levé sur toutes les Denrées & Marchandises, Drogueries & Epiceries qui entreront dans les provinces de Normandie, Picardie, Champagne, Bourgogne, Bresse, Poitou, Berry, Bourbonnois, Anjou, le Maine, Thouars, & châtellenie de Chantoceaux & leurs dépendances, au lieu des droits appelés entrées des Drogueries & Epiceries, grosses Denrées & Marchandises, écu pour quintal d'Alun, écu pour tonneau de Mer, réappréciation d'iceux, & des augmentations faites sur certaines espèces de Marchandises, en conséquence des déclarations des années 1638, 1644, 1647 & 1654, des autres droits y joints, & du Parisis, douze & six deniers pour livre de tous lesdits droits; lesquels Sa Majesté a réglés & unis à un seul droit d'Entrée pour la facilité du commerce & commodité des marchands, pour être iceux payés par toutes sortes de personnes, exempts & non exempts, soit de leur crû ou pour leurs provisions, y compris, les caisses, tonneaux, serpillières, cartons, toiles, pailles & autres embalages; à l'exception des Drogueries & Epiceries, sur lesquelles lesdits embalages seront déduits.

Et parce que les droits de quelques marchandises ne sont pas égaux en toutes lesdites provinces, celles qui seront transportées d'une province où les droits seront moindres qu'en une autre, le supplément des droits en sera payé suivant le présent Tarif.

Desquels droits, les marchandises qui entreront pour les habitans de Lyon, & qui y seront conduites directement, n'en payeront que le quart; & seront les marchands, facteurs & conducteurs d'icelles, obligés de prendre des acquits à caution, pour aller payer les droits de la douane de ladite ville de Lyon, au bureau d'icelle, en la manière accoûtumée.

Et à l'égard des acquits du payement desdits droits, ou à caution, & des décharges d'iceux, les droits en seront payés aux commis des bureaux, conformément aux arrêts de la Cour des Aides de Paris, des 23 septembre 1634, & 9 avril 1644, à raison de cinq sols pour chacun d'iceux; & aux arrêts de la Cour des Aides de Rouen, des 29 & 30 mars 1623, sans que lesdits commis puissent lever le Parisis, douze & six deniers desdits droits, à peine de concussion.

ENTRE'ES.

MARCHANDISES.

A

	livre	ſols
ACIER non ouvré, le cent peſant payera vingt-huit ſols, ci	1.	8.
Agneaux, la pièce payera trois ſols, ci		3.
Airain non ouvré, le cent peſant payera comme cuivre non ouvré, cinquante ſols, ci	2.	10.
Albâtre, le pied payera quatre ſols, ci		4.
Aloſes, le cent en nombre payera vingt ſols, ci	1.	
Allumelles de couteaux, de toutes ſortes, le cent peſant payera trente ſols, ci	1.	10.
Allumettes, le cent peſant payera deux ſols, ci		2.
Alun de glace, Alun en roche, Alun de plume, Alun gras de pays, Alun blanc & rouge, de toutes ſortes, l'un portant l'autre, le cent peſant payera trois livres, ci	3.	
Amandes douces & amères, de toutes ſortes, le cent peſant payera dix-huit ſols, ci		18.
Amandes non caſſées, le cent peſant payera quinze ſols, ci		15.
Amidon, le cent peſant payera quatorze ſols, ci		14.
Anchois, le cent peſant payera ſeize ſols, ci		16.
Anguilles, le cent en nombre payera dix ſols, ci		10.
Arcançon ou poix raiſine, le cent peſant payera dix ſols, ci		10.
Ardoiſes, le millier en nombre payera dix ſols, ci		10.
Argent en maſſes & lingots		*néant*.
Armes, Arquebuſes, Piſtolets, Harnois, Braſſarts, Mouſquets, Canons d'armes, & autres armes de fer, le cent peſant payera quarante ſols, ci	2.	
Aſnes & Aſneſſes, grandes & petites, la pièce payera ſix ſols, ci		6.
Avelines, le cent peſant payera ſeize ſols, ci		16.

Avirons, le cent en nombre payera cinquante ſols, ci . . . 2.liv. 10.ſols

Aulx, la ſomme ou charge payera cinq ſols, ci . . . . . 5.

Avoine, le muid meſure de Paris, de douze ſetiers, faiſant deux tonneaux, entrant par les provinces d'Anjou, le Maine & Thouars, payera dix ſols, ci . . . . 10.

Drogueries & E'piceries.

Acacia commun, le cent peſant payera cinquante ſols, ci 2. 10.

Acacia vrai, le cent peſant payera ſept livres dix ſols, ci 7. 10.

Acorus, le cent peſant payera cinquante ſols, ci . . . . 2. 10.

Æs uſtum, le cent peſant payera quatre livres, ci . . . . 4.

Agaric fin, le cent peſant payera ſept livres dix ſols, ci 7. 10.

Agaric gros, le cent peſant payera trois livres, ci . . . 3.

Agnus caſtus, le cent peſant payera cinquante ſols, ci . . 2. 10.

Aloës citrin, le cent peſant payera trois livres quinze ſols, ci . . . . 3. 15.

Aloës lignum fin, le cent peſant payera vingt-cinq livres, ci . . . . 25.

Aloës moyen ou *cabalin*, le cent peſant payera trois livres, ci . . . . 3.

Aloës ſocotrin ou *lucide*, le cent peſant payera dix livres, ci 10.

Amatiſte, le cent peſant payera cinq livres, ci . . . . . 5.

Ambre gris, la livre payera huit livres, ci . . . . 8.

Ambre jaune ou Karabé, le cent peſant payera trois livres, ci . . . . 3.

Amomum verum, le cent peſant payera quatre livres, ci . . 4.

Anacardes, le cent peſant payera trente-cinq ſols, ci . . . 1. 15.

Angelica, le cent peſant payera quarante ſols, ci . . . . 2.

Anis verd ou en graine, le cent peſant payera vingt ſols, ci 1.

Antimoine crud, le cent peſant payera quinze ſols, ci . . . 15.

Antimoine préparé, le cent peſant payera trois livres, ci 3.

Antosfle de géroffe, le cent peſant payera ſept livres dix ſols, ci . . . . 7. 10.

Appios ſemencé, le cent peſant payera cinquante ſols, ci 2.liv. 10.ſols

Argent vif, le cent peſant payera cinq livres, ci . . . . 5.

Ariſtoloches, le cent peſant payera vingt ſols, ci . . . . 1.

Arſenic, le cent peſant payera vingt-cinq ſols, ci . . . . 1. 5.

Aſarum, le cent peſant payera cinquante ſols, ci . . . . 2. 10.

Aſphaltum, le cent peſant payera cinq livres, ci . . . . 5.

Aſpalatum, le cent peſant payera trois livres, ci . . . . 3.

Aſſa fœtida, le cent peſant payera trois livres, ci . . . . 3.

Aſſerbes, le cent peſant payera comme Muſcades, trente livres, ci . . . . 30.

Azur d'émail, Azur gros & commun, le cent peſant payera trois livres, ci . . . . 3.

Azur de roche, fin, le cent peſant payera quarante livres, ci . . . . 40.

B

MARCHANDISES.

BALEINE coupée, le cent peſant payera cinquante ſols, ci . . . . 2. 10.

Balines ou embalages de laines, le cent peſant payera quinze ſols, ci . . . . 15.

Balles, paniers & corbeilles, la douzaine payera ſix ſols, ci . . . . 6.

Barils vuides, le leth, qui eſt de douze barils, payera ſeize ſols, ci . . . . 16.

Barracans. Voyez *Bouracans.*

Bas à botter, de laine, l'un portant l'autre, la douzaine de paires payera trois livres douze ſols, ci . . . . . . 3. 12.

Bas de chauſſe de drap de toutes ſortes, la douzaine de paires, l'un portant l'autre, payera trente-ſix ſols, ci . . 1. 16.

Bas de coton, la douzaine de paires, l'un portant l'autre, payera quarante ſols, ci . . . . 2.

Bas d'eſtame & de laine, faits au fuſeau, courts & longs,

de toutes ſortes, la douzaine de paires, l'un portant l'autre, payera trois livres dix ſols, ci 3.liv. 10.sols

Bas de fil, la douzaine de paires, l'un portant l'autre, payera cinquante ſols, ci . . . . 2. 10.

Bas de ſoie, la paire payera quinze ſols, ci . . . . 15.

Les grands Bas à renverſer, à proportion.

Et deux paires de canons, pour une paire de bas.

Baſanes tannées, la douzaine payera ſix ſols, ci . . . . 6.

Bateau neuf, la pièce payera cinquante ſols, ci . . . . . 2. 10.

Batin, Foin ou Jonc d'Eſpagne, le cent peſant payera vingt-cinq ſols, ci . . . . 1. 5.

Baudriers en broderie d'or & d'argent fin, l'un portant l'autre, la pièce payera vingt ſols, ci . . . . 1.

Baudriers galonnés d'or & d'argent fin, l'un portant l'autre, la pièce payera douze ſols, ci . . . . 12.

Bayette du pays d'Angleterre, la pièce de vingt cinq aunes, payera cinq livres, ci . . . . 5.

Bayette ou Revêche de Flandre, & autres ſemblables, la pièce de vingt aunes, payera quatre livres, ci . . . . 4.

Bayette double au grand cocq, la pièce contenant cinquante aunes, payera quinze livres, ci . . . . 15.

Bêches, la douzaine payera ſix ſols, ci . . . . 6.

Berceaux, la charretée payera dix ſols, ci . . . . 10.

Beurre de toutes ſortes, le cent peſant payera douze ſols, ci . . . . 12.

Biére, le hambourg ou le baril payera douze ſols, ci . . . 12.

Blanc de plomb, le cent peſant payera quinze ſols, ci . . 15.

Bled, Froment & Méteil, le muid meſure de Paris, entrant par les provinces d'Anjou, le Maine & Thouars, payera cinquante ſols, ci . . . . 2. 10.

Bœufs gras ou maigres, venant des pays étrangers, la pièce payera trois livres, ci . . . . 3.

Bœufs gras ou maigres, venant des provinces de France où les aides n'ont cours, la pièce payera vingt ſols, ci . . 1.

Bœufs

	liv.	sols
Bœufs & langues ſalées, de toutes ſortes, le cent peſant payera quarante ſols, ci . . . . . , ...	2.	0.
Bois de Bréſil, gros Bois de Lamon, de Fernambourg, le cent peſant payera vingt ſols, ci	1.	
Bois de Buis & Bois ou Copeaux à faire peignes, le cent peſant payera dix ſols, ci		10.
Bois de Cèdre & Bois d'Olivier, enſemble celui de Jaraconda, de toutes ſortes, le cent peſant payera vingt ſols, ci	1.	
Bois de Chêne, la pièce de 25 à 30 pieds en longueur, & 6 pouces en carré & au deſſus, payera ſix ſols, ci . .		6.
Bois Douvain à Pipes, le millier en nombre payera quinze ſols, ci		15.
Bois d'Ebène, le cent peſant payera quinze ſols, ci . .		15.
Bois de Fûtel, le cent peſant payera huit ſols, ci		8.
Bois d'If, le cent peſant payera dix ſols, ci		10.
Bois Merrain, de toutes ſortes, ſervant à muids & tonneaux, le millier en nombre payera treize ſols, ci . .		13.
Bois ouvré à bâtir, le char payera douze ſols, ci		12.
Bois de rouage, le cent en nombre payera dix ſols, ci . .		10.
Bois rouge & roſart, le cent peſant payera dix ſols, ci . .		10.
Bois ſciés en barreaux & planches, le cent en nombre payera ſeize ſols, ci		16.
Bois à Baril, le millier en nombre payera dix ſols, ci . .		10.
Bois à bâtir, la longue pièce payera à l'équipolent du ſommier.		
Bois à bâtir Navires.		*néant.*
Bois à brûler, chargé un chariot, payera ſix ſols, ci . .		6.
Bois à brûler, chargé une charrette, payera quatre ſols, ci		4.
Bois à faire fourreaux d'épée & étuis, le paquet contenant cinquante ou ſoixante feuilles, payera trois ſols, ci . .		3.
Bois à faire Sommiers, de 25 à 30 pieds de longueur, plus ou moins, à l'équipolent, la pièce payera vingt ſols, ci	1.	

Bois de toutes autres ſortes, ſervant à teintures, comme Bréſil, de Laval, Campêche, Bois jaune & violet, Bois de Bréſillet, d'Inde & de Japon, le cent peſant payera douze ſols, ci . . . . 0. liv. 12. ſols

Boîtes blanches à mettre confitures & autres, non peintes, le cent peſant payera ſeize ſols, ci . . . . 16.

Boîtes de Sapin, venant de Foucine, & d'ailleurs, le char payera ſeize ſols, ci . . . . 16.

Bombaſins de toutes ſortes, la pièce de douze aunes, payera trente ſols, ci . . . . 1. 10.

Bonnets de laine de toutes ſortes, le cent peſant payera huit livres, ci . . . . 8.

Bords de manchons de fouine, teints, la pièce payera douze ſols, ci . . . . 12.

Bottes neuves de toutes ſortes, la douzaine payera ſix livres, ci . . . . 6.

Boucaſſins & Fûtaines ſervant à doubler, la pièce de douze aunes payera quinze ſols, ci . . . . 15.

Boucs & Chévres, la pièce payera trois ſols, ci . . . . 3.

Bougrans, le cent peſant payera quatre livres dix ſols, ci 4. 10.

Boules de Mail, le cent peſant payera quinze ſols, ci 15.

Bouracans, la pièce de vingt-deux aunes, payera quatre livres, ci . . . . 4.

Bourre & Capiton de ſoie, le cent peſant payera cinquante ſols, ci . . . . 2. 10.

Bourre chiquette & Bourre de toutes ſortes, le cent peſant payera dix ſols, ci . . . . , ... 10.

Bourre-lanice, le cent peſant payera vingt ſols, ci . . . . 1.

Bourre rouge & Bourre à faire lits, le cent peſant payera treize ſols, ci . . . . 13.

Bourſes, Cordons & Ceintures en broderie d'or & d'argent fin, la livre payera quarante ſols, ci . . . . . 2.

Bourſes, Cordons & Ceintures en broderie de ſoie ou garnies de ſoie, avec cordons mêlés d'or & d'argent, la livre payera quinze ſols, ci . . . . 15.

	liv.	sols
Bouteilles de terre, la douzaine payera deux ſols, ci . . .	0.	2.
Bouteilles de verre, la douzaine payera deux ſols, ci . .		2.
Boutons d'or & d'argent faux, la livre payera quinze ſols, ci		15.
Boutons d'or & d'argent fin, la livre payera trente ſols, ci	1.	10.
Boutons de ſoie, la livre payera ſeize ſols, ci		16.
Bray, le leth, qui eſt de douze barils ordinaires, venant des pays étrangers, payera huit livres, ci	8.	
Bray venant des provinces du royaume où les aides n'ont cours, le leth payera vingt ſols, ci	1.	
Et les plus gros, à proportion.		
Briques, le millier en nombre payera huit ſols, ci . . .		8.
Brochets, le cent en nombre payera quinze ſols, ci		15.
Bruyères à faire Vergettes, le cent peſant payera vingt ſols, ci	1.	
Buffles, Elans & Cerfs, paſſés en Buffles, Colets & Coltins de Buffles, le cent peſant payera quinze livres, ci	15.	
Burail croiſé, la pièce de vingt aunes payera cinq livres, ci	5.	
Burail ſimple de Flandre, ou Moncayards de toutes ſortes, la pièce de vingt aunes payera quatre livres, ci . . .	4.	
Burail d'étoupes, la pièce de douze aunes payera vingt ſols, ci	1.	
Bure ou Beugle griſe ou blanche, la pièce de douze aunes payera quarante ſols, ci . . . . , ...	2.	
Burettes, la pièce de douze aunes payera trente-ſix ſols, ci	1.	16.

DROGUERIES & E'PICERIES.

	liv.	sols
Balauſte commune, le cent peſant payera quarante ſols, ci	2.	
Balauſte fine, le cent peſant payera cinq livres, ci . . .	5.	
Barbotine ou *ſemen-contra*, le cent peſant payera cinq livres, ci	5.	
Baume, la livre payera ſept ſols, ci		7.

Baye de laurier, le cent peſant payera dix ſols, ci . . 0.[liv.] 10.[ſols]

Bédélion, le cent peſant payera quatre livres, ci . . . . 4.

Ben blanc & rouge, le cent peſant payera quarante ſols, ci . . . . 2.

Benjoin de toutes ſortes, le cent peſant payera ſix livres, ci 6.

Bézoart du Levant, la livre payera quinze livres, ci . 15.

Bézoart du Ponant, la livre payera trois livres, ci . . . 3.

Blatabizantia, le cent peſant payera trois livres dix ſols, ci 3. 10.

Bois & écorce de Gayac, le cent peſant payera quinze ſols, ci . . . . 15.

Bois d'eſchine, le cent peſant payera dix livres, ci . . 10.

Bois néfrétique, le cent peſant payera trois livres quinze ſols, ci . . . . 3. 15.

Bol arménique, le cent peſant payera dix ſols, ci . . . 10.

Bol fin de Levant, le cent peſant payera trente ſols, ci 1. 10.

Borax gras, le cent peſant payera quatre livres, ci . . . 4.

Borax rafiné, le cent peſant payera ſept livres dix ſols, ci 7. 10.

C

MARCHANDISES.

CABINETS d'Ebène & autres, enrichis de cuivre doré, peintures, broderie, & de toutes autres ſortes, payeront à l'eſtimation, à raiſon de ſix pour cent de leur valeur.

Cabinets, Coffres & autres ouvrages d'Ebène de la Chine, & de toutes autres ſortes, non enrichis. . . . . *idem.*

Caboches & vieux clous, le cent peſant payera ſix ſols, ci 6.

Camelots de Bude & Turquie, la pièce de dix aunes payera cinq livres, ci . . . . 5.

Camelots de Hollande, de Flandre & autres lieux, & Camelots à ondes & demi-ſoie, la pièce de vingt aunes payera ſix livres, ci . . . . 6.

Camelots de Lille & d'Arras, & autres ſemblables étoffes, la pièce de vingt aunes payera trois livres, ci . . . . 3.

Canevas à tapiſſeries, le cent peſant payera quatre livres, ci 4.liv. 0.ſols

Capettes, autrement Tapis à embaler, la douzaine payera ſeize ſols, ci . . . . 16.

Capiton à faire laſſis & cardaſſes, le cent peſant payera cinquante ſols, ci . . . . 2. 10.

Capres de toutes ſortes, le cent peſant payera trente-ſix ſols, ci . . . . 1. 16.

Cardes neuves, le cent peſant payera trente ſols, ci . . . 1. 10.

Cardes vieilles, le cent peſant payera vingt ſols, ci . . . 1.

Carizets ou Crézeaux blancs ou teints, gros ou fins, ſoit du Nord, de l'Oueſt, Reddings ou d'Ecoſſe, la pièce de treize aunes payera trois livres douze ſols, ci . . 3. 12.

Carpeaux, dits Alvins, le cent en nombre payera cinq ſols, ci . . . . 5.

Carpes, le cent en nombre payera quinze ſols, ci . . . 15.

Carreaux de meulage de Brie, le cent en nombre payera trente-cinq ſols, ci . . . . 1. 15.

Carreaux de meulage de France, le cent en nombre payera trente ſols, ci . . . . 1. 10.

Carreaux de thuile à paver, le millier en nombre payera quinze ſols, ci . . . . 15.

Cartelets, Caffarts de village, Gros-grain, Mézelaine, Picottes, Plumettes, & autres ſemblables étoffes ſans ſoie, la pièce de dix aunes payera quarante ſols, ci 2.

Cartes à jouer, le cent peſant payera comme mercerie, quatre livres, ci . . . . 4.

Caſtalognes, la douzaine payera ſix livres, ci . . . . . 6.

Ceintures ou Rubans de filoſelle ou capiton, le cent peſant payera dix livres, ci . . . . 10.

Cendre, Gravelée & Potaſſe, le cent peſant payera quinze ſols, ci . . . . 15.

Cendre, le leth, qui eſt de douze barils, payera trente ſols, ci . . . . 1. 10.

Cendre de plomb, le cent peſant payera quinze ſols, ci o.liv. 15.ſols

Cendre de verre, le cent peſant payera quatre ſols, ci 4.

Cercles, le millier en nombre payera ſix ſols, ci . . . . 6.

Céruſe fine, ou Blanc de plomb, le cent peſant payera vingt ſols, ci . . . . 1.

Chamois ou peaux de chevreaux, moutons, habillés en blanc ou jaune, en façon de chamois, la douzaine payera trente ſols, ci . . . . 1. 10.

Chandelle de ſuif, le cent peſant payera quarante ſols, ci 2.

Chantepleures & Patenôtres de bois, le cent peſant payera vingt-cinq ſols, ci . . . . 1. 5.

Chanvre en maſſe, crud, ſans apprêter, le cent peſant payera huit ſols, ci . . . . 8.

Chanvre prêt à filer, le cent peſant payera dix ſols, ci . . . 10.

Chapeaux de Caſtor, la douzaine payera trente-ſix livres, ci . . . . 36.

Chapeaux de demi-Caſtor, la douzaine payera dix-huit livres, ci . . . . 18.

Chapeaux de feutre, de toutes ſortes de laines, poils & façons, la douzaine payera ſix livres, ci . . . . . . 6.

Chapeaux de paille, la douzaine payera trois ſols, ci . . 3.

Chapeaux de Vigogne, la douzaine payera douze livres, ci . . . . 12.

Charbon de bois, la banne payera douze ſols, ci . . . 12.

Charbon dans ſac ou banne, chargé un char, payera douze ſols, ci . . . . 12.

Charbon, la charretée payera cinq ſols, ci . . . . 5.

Charbon de pierre, la banne payera huit ſols, ci . . . . 8.

Charbon de terre, le baril payera huit ſols, ci . . . . . 8.

Charbon de terre venant du dedans du royaume, le baril payera ſix deniers, ci 6.d

Chardons à Drapiers & Bonnetiers, la balle peſant cent cinquante livres, payera vingt ſols, ci . . . . 1.

Châtaignes, le cent peſant payera dix ſols, ci . . . . . . 10.

	liv.	sols
Chaussons de laine ou estame, la douzaine de paires payera quinze sols, ci	0.	15.
Chaux, le tonneau contenant deux queues, payera dix sols, ci		10.
Chevaux d'Angleterre, d'Allemagne & autres pays étrangers, la pièce, de la valeur de trente écus & au dessous, payera trois livres, ci	3.	
Chevaux d'Angleterre, d'Allemagne & autres pays, la pièce, au dessus de trente écus, payera vingt livres, ci	20.	
Chevaux venant des provinces où les bureaux ne sont établis; savoir, Bretagne, Auvergne, Limosin & autres, la pièce payera six livres, ci	6.	
Cheveux pour perruques, la livre payera dix sols, ci . .		10.
Chevreaux d'un an, chacune pièce payera deux sols, ci		2.
Chèvres grasses, petites ou maigres, la pièce payera trois sols, ci		3.
Cidre, le tonneau payera cinq livres, ci	5.	
Cire d'Espagne, le cent pesant payera six livres, ci . . .	6.	
Citrons aigres, le cent en nombre payera cinq sols, ci . .		5.
Citrons doux, le cent en nombre, payera quinze sols, ci		15.
Clincaillerie de cuivre, le cent pesant payera cinq livres, ci	5.	
Clincaillerie grosse, de fer & acier, comme Faux, Faucilles, Chandeliers, Echauffettes, Etrilles, Armes, Compas, & autres semblables, le cent pesant payera trente-deux sols, ci	1.	12.
Cloches, ou métal de cloches, le cent pesant payera quarante sols, ci	2.	
Clous de fer, Clouteries, Bandages & autres Manufactures de fer, le cent pesant payera douze sols, ci		12.
Coffres de cyprès ou autres Coffres & Bahuts vuides, de Flandre & autres pays, la pièce payera vingt-cinq sols, ci	1.	5.
Colle de toutes sortes, le cent pesant payera dix-huit sols, ci		18.

Confitures de toutes ſortes, le cent peſant payera ſept livres dix ſols, ci 7.liv. 10.ſols

Cordages & ficelles, le cent peſant payera quinze ſols, ci 15.

Cordillats d'Eſpagne, Languedoc & autres lieux, de toutes ſortes de couleurs, la pièce de vingt-huit aunes payera trois livres, ci . . . . 3.

Cordons ou queue de Martes, Zébeline, ſublime, petites à l'ordinaire, le cordon d'environ de demi-aune, tenant quatorze queues, payera ſeize ſols, ci . . . . 16.

Les grandes, à proportion.

Et les pointes, le cent en nombre payera quarante ſols, ci . . . . 2.

Cordons & franges d'or ou d'argent, ou mêlées d'or ou d'argent & ſoie, la livre payera cinquante ſols, ci . . . . 2. 10.

Cordons & franges d'or ou d'argent faux, la livre payera ſeize ſols, ci . . . . 16.

Cordons & franges de ſoie, la livre payera vingt-cinq ſols, ci . . . . 1. 5.

Cornes de bœufs ou de vaches, le millier en nombre payera dix ſols, ci . . . . 10.

Cornes de cerfs, le cent peſant payera cinq ſols, ci . . . 5.

Cornes de moutons, le cent peſant payera deux ſols, ci 2.

Cornes plattes à faire peignes, le cent peſant payera quinze ſols, ci . . . . 15.

Coton filé, le cent peſant payera dix livres, ci . . . . . 10.

Coton en laine & en graine, le cent peſant payera trois livres, ci . . . . 3.

Couperoſe blanche, le cent peſant payera vingt ſols, ci . . 1.

Couperoſe ou vitriol verd, le cent peſant payera douze ſols, ci . . . . 12.

Coutils de Bretagne & autres ſemblables étoffes, la pièce de vingt aunes payera dix ſols, ci . . . . 10.

Coutils de Bruxelles, Flandre & autres lieux, la pièce de douze aunes payera cinquante ſols, ci . . . . 2. 10.

Couvertures, Camiſoles & Veſtes de la Chine, & autres de

de ſoie, coton piqué, ou de laine, payeront à raiſon de dix pour cent de leur valeur.

Couvertures, Courtepointes & Loudiers de ploc ou poil, la douzaine payera vingt-quatre ſols, ci 1.liv. 4.ſols

Crin ou queue de cheval, le cent peſant payera quinze ſols, ci . . . . 15.

Criſtal, le cent peſant payera vingt-cinq livres, ci . . 25.

Criſtal de tartre, le cent peſant payera cinquante ſols, ci 2. 10.

Cuirs de bœufs tannés, de toutes ſortes, la douzaine payera douze livres, ci . . . . 12.

Cuirs de bœufs ou vaches, & autres en couleur pour faire ceintures, la pièce payera quinze ſols, ci . . . . . . 15.

Cuirs de bœufs ou vaches à poil, du pays, la douzaine payera cinquante ſols, ci . . . . 2. 10.

Cuirs de cheval avec le poil, la douzaine payera quarante ſols, ci . . . . 2.

Cuirs de cheval tannés, la douzaine payera cinquante ſols, ci 2. 10.

Cuirs de vaches en grain pour faire empeignes, la pièce payera huit ſols, ci . . . . 8.

Cuirs de vaches de rouſſy, la pièce payera dix ſols, ci . . . 10.

Cuirs de vaches tannés, la douzaine payera ſix livres, ci 6.

Cuirs dorés, le cent peſant payera comme Tapiſſerie de cuir doré, quinze livres, ci . . . . 15.

Cuirs ſalés, de quelque pays que ce ſoit, la pièce payera dix ſols, ci . . . . 10.

Cuirs ſecs à poil des Indes, du Pérou ou de Barbarie, de toutes ſortes, la pièce payera dix ſols, ci . . . . . . 10.

Cuirs ſecs du Cap-vert, Sénégal, Moſcovie, Irlande & autres pays étrangers, la pièce payera cinq ſols, ci . . 5.

Cuivre en Chauderons, Chandeliers, Landiers, Platines, & autres batteries, le cent peſant payera cinq livres, ci 5.

Cuivre & Airain non ouvré, ſoit en Roſette & Plaque, payera comme Airain non ouvré, le cent peſant cinquante ſols, ci . . . . 2. 10.

Cuivre ou laiton tiré en or, ou or & argent faux, trait ou filé, le cent pesant payera vingt livres, ci 20.liv. 0.sols

Cuivre rompu en pots & morceaux ou mitraille, le cent pesant payera vingt sols, ci . . . . 1.

DROGUERIES & E'PICERIES.

Cacar, le cent pesant payera cinquante sols, ci . . . . 2. 10.

Cachou, le cent pesant payera trois livres, ci . . . . . 3.

Calamine, le cent pesant payera dix sols, ci . . . . . . 10.

Calamus aromaticus & commun, le cent pesant payera seize sols, ci . . . . 16.

Camphre, le cent pesant payera quinze livres, ci . . . 15.

Canelle ou *cinnamome*, le cent pesant payera vingt-sept livres, ci . . . . 27.

Cantarides, le cent pesant payera quatre livres, ci . . . 4.

Capobalsamum, le cent pesant payera trois livres, ci . . 3.

Cardamomum, le cent pesant payera cinq livres, ci . . . 5.

Carny, le cent pesant payera vingt sols, ci . . . . . . 1.

Cartamy, le cent pesant payera vingt-cinq sols, ci . . 1. 5.

Casses fistulles, le cent pesant payera trois livres, ci . . 3.

Castoreum, le cent pesant payera cinq livres, ci . . . . 5.

Catholicum, le cent pesant payera quinze livres, ci . . 15.

Cèdre blanc & rouge, le cent pesant payera cinquante sols, ci 2. 10.

Cendre verte, le cent pesant payera quatre livres, ci . . 4.

Chat ou fleur de Thé, le cent pesant payera vingt livres, ci . . . . 20.

Chicotin, payera comme *Aloës socotrin*, le cent pesant dix livres, ci . . . . 10.

Chocolat, le cent pasant payera cinq livres, ci . . . . . 5.

Cire blanche, le cent pesant payera dix livres, ci . . . 10.

Cire jaune, le cent pesant payera cinq livres, ci . . . . 5.

Citouart ou *Zedouart*, le cent pesant payera cinq livres, ci . . . . 5.

Citrouilles, le cent en nombre payera dix ſols, ci . . . 0.liv. 10.ſols
Civette, la livre payera cinq livres, ci . . . . 5.
Cocque de Levant, le cent peſant payera cinquante ſols, ci 2. 10.
Cochenille campeſchane, le cent peſant payera vingt livres, ci . . . . 20.
Cochenille meſtec, demi-meſtec & treſchal, le cent peſant payera quarante livres, ci . . . . 40.
Cochenille ſilveſtre, le cent peſant payera dix livres, ci 10.
Colle de poiſſon, le cent peſant payera trois livres, ci 3.
Coloquinte, le cent peſant payera quatre livres dix ſols, ci 4. 10.
Concombre, le cent en nombre payera dix ſols, ci . . . 10.
Confection Ameſecque, la livre payera cinq ſols, ci . . 5.
Confection d'Alkerme, la livre payera ſept ſols, ci . . . 7.
Contrayerva, le cent peſant payera cinq livres, ci . . . . 5.
Corail blanc & rouge, le cent peſant payera cinq livres, ci 5.
Coraline, le cent peſant payera quarante ſols, ci . . . 2.
Coriandre, le cent peſant payera douze ſols, ci . . . . 12.
Corne de licorne, la livre payera cinquante ſols, ci . . 2. 10.
Cortex Caparis, le cent peſant payera cinquante ſols, ci 2. 10.
Coſtus verus, doux & amer, le cent peſant payera cinq livres, ci . . . . 5.
Crayon, le cent peſant payera vingt ſols, ci . . . . 1.
Crême de tartre, le cent peſant payera trois livres, ci . . . 3.
Cubebes, le cent peſant payera quatre livres, ci . . . . 4.
Cumin, le cent peſant payera vingt ſols, ci . . . . . . 1.
Cyperus, le cent peſant payera douze ſols, ci . . . . 12.

D

MARCHANDISES.

D*AMAS* caffart, la pièce de trente aunes payera neuf livres, ci . . . . 9.
Dentelle d'or & d'argent fin, & Dentelle d'or & d'argent,

mêlée de ſoie, la livre payera cinq livres, ci . . . 5.liv. 0.ſols

Dentelles de ſoie & de Guipures, venant de Flandre, Angleterre & autres lieux, la livre payera quatre livres, ci 4.

Dentelle de fil, Points-coupés & Paſſemens de Flandre, Angleterre & autres lieux, la livre payera vingt-cinq livres, ci . . . . 25.

Dentelle de fil, de Liège, Lorraine & du Comté, fines & groſſes, de toutes ſortes, la livre payera dix livres, ci 10.

Dents de cheval & vache marine, le cent peſant payera trois livres, ci . . . . 3.

Dents d'éléphant, Morfil ou Ivoire, le cent peſant payera trois livres, ci . . . . 3.

Dominoterie ou papier peint, le cent peſant payera quarante ſols, ci . . . . 2.

Et avec mercerie, payera comme mercerie, quatre livres, ci 4.

Dragées de toutes ſortes, le cent peſant payera quatre livres, ci . . . . 4.

Draps de Carcaſſone, Sattes, & autres de Languedoc, le cent peſant payera huit livres, ci . . . . 8.

Draps d'Eſpagne, la pièce de trente aunes payera ſoixante-dix livres, ci . . . . 70.

Draps de Hollande & d'Angleterre, de toutes ſortes & couleurs, la pièce de vingt-cinq aunes payera quarante livres, ci . . . . 40.

Draps-demis dudit pays d'Angleterre, appelés de douzaine, de la valeur de huit livres & au deſſous l'aune, la pièce contenant neuf à dix aunes, payera quatre livres dix ſols, ci . . . . 4. 10.

Et les doubles pièces payeront à proportion.

Et quand elles ſeront de plus grande valeur, payeront comme Draps fins d'Angleterre.

Draps & Toiles d'or & d'argent fin, Satins brochés, Velours, Satins & Damas à fleurs d'or, & autres Draps auxquels il y a or & argent, tant riches, moyens, que pauvres, la livre payera ſix livres, ci . . . . 6.

Draps de ſoie de toutes ſortes & couleurs, Velours, Satins & Damas, Taffetas, Serges, Tabis & autres Draps de ſoie, la livre payera trois livres, ci 3.liv. 0.ſols

DROGUERIES & E'PICERIES.

Dattes, le cent peſant payera vingt-cinq ſols, ci . . . . 1. 5.

Dictamum en fleur, le cent peſant payera quatre livres, ci 4.

Doronicum, le cent peſant payera cinq livres, ci . . . . 5.

E

MARCHANDISES.

EAU de fleur d'Orange & de ſenteur, de toutes ſortes, le cent peſant payera trois livres, ci . . . . 3.

Eau de Nar & Naphe, le cent peſant payera cinquante ſols, ci . . . . 2. 10.

Eau de vie, la barique payera vingt-cinq ſols, ci . . . 1. 5.

E'caille de tortue franche, le cent peſant payera quatre livres, ci . . . . 4.

E'caille de tortue ou Caouan, le cent peſant payera ſix livres, ci . . . . 6.

E'caille de tortue ou Caret, le cent peſant payera douze livres, ci . . . . 12.

E'chalas, la charretée payera trois ſols, ci . . . . 3.

E'chalas, le char payera ſix ſols, ci . . . . 6.

E'corce de chêne, chargé une charrette, payera huit ſols, ci 8.

E'corce de chêne non hachée, le chariot payera ſeize ſols, ci 16.

E'corce de citrons, oranges & fleur d'orange confite, le cent peſant payera huit livres, ci . . . . 8.

E'guillettes & Lacets de ſoie, ferrés, la livre payera trente-deux ſols, ci . . . . 1. 12.

E'mail, le cent peſant payera dix livres, ci . . . . . 10.

E'pieux & Hallebardes, la douzaine payera trente ſols, ci 1. 10.

E'pinettes, la pièce, l'une portant l'autre, payera trois livres, ci 3.liv. 0.sols

E'ponges, le cent peſant payera cinquante ſols, ci . . . 2. 10.

Eſtamets ou Serges appareillées, la pièce de vingt aunes payera cinq livres, ci . . . . 5.

Eſterres ou Nattes de jonc, le cent peſant payera trois livres, ci . . . . 3.

E'tain de glace, le cent peſant payera quatres livres, ci 4.

E'tain ouvré, menuiſé & ſans menuiſerie, le cent peſant payera cinq livres, ci . . . . 5.

E'tain non ouvré, fin ou gros, de toutes ſortes, le cent peſant payera cinquante ſols, ci . . . . 2. 10.

E'tamines d'Auvergne, le cent peſant payera trois livres, ci 3.

E'toupes blanches, le cent peſant payera ſix ſols, ci . . 6.

E'toupes en bois ou en bourre, le cent peſant payera ſix ſols, ci . . . . 6.

DROGUERIES & E'PICERIES.

Eau forte, le cent peſant payera trois livres quinze ſols, ci . . . . 3. 15.

E'corce de capres, le cent peſant payera cinquante ſols, ci 2. 10.

E'corce de mandragore, le cent peſant payera quarante ſols, ci . . . . 2.

E'corce de tamarice, le cent peſant payera vingt-cinq ſols, ci 1. 5.

Elleborre de toutes ſortes, le cent peſant payera vingt-cinq ſols, ci . . . . 1. 5.

Encens fin ou Oliban, le cent peſant payera cinquante ſols, ci 2. 10.

Encens gros ou Galipo, le cent peſant payera douze ſols, ci . . . . 12.

E'pithyme, le cent peſant payera cinquante ſols, ci . . . 2. 10.

Eſprit de ſel, le cent peſant payera vingt livres, ci . . 20.

Eſprit de ſoufre, le cent peſant payera trois livres quinze ſols, ci . . . . 3. 15.

Eſprit ou Aigre de vitriol, le cent peſant payera trois livres quinze ſols, ci . . . . 3. 15.

	liv.	sols
Esule, le cent pesant payera cinquante sols, ci . . .	2.	10.
Euphorbe, le cent pesant payera quarante sols, ci . . .	2.	

F

MARCHANDISES.

FAGOTS, le millier en nombre payera trente sols, ci	1.	10.
Fanons de Baleine, le cent en nombre, tant grands que petits, pesant environ trois cens livres, payera trois livres, ci	3.	
Fenouil, le cent pesant payera vingt-cinq sols, ci . .	1.	5.
Fer blanc, le baril de quatre cens cinquante feuilles doubles payera quinze livres, ci	15.	
Et le baril de simple feuille payera la moitié, qui est sept livres dix sols, ci	7.	10.
Fer en Batterie, comme Pots, Chaudières, Poêles, Cuilliers, Réchauds, & autres sortes de Fer, le cent pesant payera quarante sols, ci	2.	
Fer en Plaques & en Gueuses, le millier pesant payera trente-cinq sols, ci	1.	15.
Fer en Verges, le millier pesant payera trois livres, ci	3.	
Fer noir, le baril de quatre cens cinquante feuilles doubles payera sept livres dix sols, ci	7.	10.
Et le baril de simple feuille payera la moitié, qui est trois livres quinze sols, ci	3.	15.
Fer ouvré, comme Coins, Haches, Hassarts, Serpes & autre Fer, le cent pesant payera vingt sols, ci . . .	1.	
Fer venant d'Espagne & autres pays étrangers, soit en Barre ou Fer battu, le cent pesant payera douze sols, ci . .		12.
Fer vieux, le cent pesant payera cinq sols, ci		5.
Fèves, le muid mesure de Paris, contenant douze setiers, faisant deux tonneaux, payera trente sols, ci	1.	10.
Feuilles de cartes à chaperonniers, le cent pesant payera vingt-cinq sols, ci	1.	5.

Feuilles de laiton, le cent pesant payera quatre livres, ci 4.liv. 0.sols

Figues de toutes sortes, le cent pesant payera quatorze sols, ci 14.

Fil d'archal & Fil de fer, de toutes autres sortes, le cent pesant payera trois livres, ci . . . . 3.

Fil de caret, venant des pays étrangers, le cent pesant payera quatorze sols, ci . . . . 14.

Fil de chaînettes, le cent pesant payera trente sols, ci . . 1. 10.

Fil de chanvre, le cent pesant payera cinquante sols, ci 2. 10.

Fil d'Epinay, de Flandre, & Fil de lin de toutes sortes, le cent pesant payera sept livres, ci . . . . 7.

Fil d'étoupes, blanc & écru, le cent pesant payera quinze sols, ci . . . . 15.

Fil d'or ou d'argent faux, trait ou filé, le cent pesant payera vingt livres, ci . . . . 20.

Fil de laiton, Fil à cardes fin, le cent pesant payera quatre livres, ci . . . . 4.

Fil de sayette, le cent pesant payera trois livres, ci . . 3.

Fillatrice, la pièce de douze aunes payera vingt-quatre sols, ci . . . . 1. 4.

Fillière de fer, servant à tirer le Fil d'archal, le cent pesant payera trente sols, ci . . . . 1. 10.

Filoselle & Frange de filoselle, le cent pesant payera treize livres, ci . . . . 13.

Flacons de verre, le cent pesant payera vingt sols, ci . . 1.

Flaquières de mulet, le cent pesant payera vingt-cinq sols, ci . . . . 1. 5.

Fleurées sortant des voides, pour teintures, le cent pesant payera cinquante sols, ci . . . . 2. 10.

Florée ou Indigo moyen, le cent pesant payera cinq livres, ci . . . . 5.

Foin, le chariot chargé payera six sols, ci . . . . 6.

Foin, la charretée chargée payera quatre sols, ci . . . 4.

Forces à drapier, pour tondre, la pièce payera vingt sols, ci 1.

Frises

Frises blanches, appelées de coton, qui se vendent à la godde, le cent de goddes, faisant cent vingt-cinq aunes, payera douze livres, ci 12.liv. 0.sols

Frises de Bristol, la pièce de dix-huit aunes payera vingt sols, ci . . . . 1.

Frises d'Espagne ou de Flandre, la pièce de vingt aunes payera huit livres, ci . . . . 8.

Frises sèches d'Angleterre, la pièce contenant dix-huit aunes payera trois livres, ci . . . . 3.

Frisons d'Angleterre, la pièce contenant treize aunes payera trente sols, ci . . . . 10.

Ferlins dudit pays, la pièce de sept à neuf aunes payera dix sols, ci . . . . 1. 10.

Fromages de Hollande & en boulette, le cent pesant payera quinze sols, ci . . . . 15.

Fromages de Milan, Florence, Marssolin & Maillorque, le cent pesant payera trente sols, ci . . . . 1. 10.

Fromage de Vachelin & de toutes autres sortes, du dedans du royaume, le cent pesant payera huit sols, ci 8.

Fuseaux, le millier en compte, payera trois sols, ci . . 3.

Fût de raquettes, le cent pesant payera quinze sols, ci 15.

Fûtailleries de bois venant de Saint-Claude, de toutes sortes, le cent pesant payera vingt sols, ci . . . . . . 1.

Fûtailles vuides, chacun poinçon payera deux sols, ci . . 2.

Futaines à jonc & à grain d'orge, la pièce de douze aunes payera trente sols, ci . . . . 1. 10.

Futaines d'Angleterre, de toutes sortes, à faire pourpoints & habits, la pièce de douze aunes payera trente-cinq sols, ci . . . . 1. 15.

Futaines petites, non ouvrées, servant à doubler, la pièce de onze aunes payera quinze sols, ci . . . . . 15.

DROGUERIES & E'PICERIES.

Fenegré, le cent pesant payera dix sols, ci . . . . . . 10.

	liv.	sols
Fleurs d'esquinant, le cent pesant payera quatre livres, ci	4.	0.
Fleurs de soufre, le cent pesant payera cinq livres, ci	5.	
Fleurs de violettes & autres, le cent pesant payera trente sols, ci	1.	10.
Florum Cartamy, le cent pesant payera vingt-cinq sols, ci	1.	5.
Folii Indi, le cent pesant payera douze livres dix sols, ci	12.	10.
Folium gariofilatum, le cent pesant payera quinze livres, ci	15.	
Fragmens de toutes sortes, le cent pesant payera six livres cinq sols, ci	6.	5.

G

MARCHANDISES.

GALLES de toutes sortes, le cent pesant payera trente sols, ci	1.	10.
Gants en broderie ou à frange d'or & d'argent fin, la douzaine de paires payera quarante-huit sols, ci . . .	2.	8.
Gants communs, le cent pesant payera trente livres, ci	30.	
Gants de cuir ouvrés & garnis de soie, & gants parfumés, d'Espagne, de Rome, & autres lieux, la douzaine de paires payera vingt sols, ci	1.	
Garance, le cent pesant payera seize sols, ci		16.
Garnitures de lits de points-coupés, passemens, lassis & autres ouvrages de Flandre & de tous autres pays, payeront suivant l'estimation, à raison de dix pour cent.		
Garnitures de lits de drap ou serge, avec passemens de soie, demi-soie, & autres où il y a ouvrages de soie & de laine, faits à l'aiguille, les droits en seront payés à raison de dix pour cent de leur valeur.		
Genisses de deux ans, la pièce payera six sols, ci		6.
Glaces de miroir, payeront à l'estimation.		
Glands de fil, la livre payera douze sols, ci		12.

Goultran, le leth, qui eſt de douze barils ordinaires, venant des pays étrangers, payera huit livres, ci . . 8.liv. 0.ſols

Goultran venant des provinces de France où les bureaux ne ſont établis, le leth payera vingt ſols, ci . . . . 1.

Graine ou Semence de jardin, le cent peſant payera douze ſols, ci . . . . 12.

Graines jaunes, le cent peſant payera vingt ſols, ci . . . 1.

Graines de rabette ou navette, & Graines de lin, colſat & moutarde, le ſetier meſure de Paris, payera vingt ſols, ci . . . . 1.

Grenades, le cent en nombre payera dix ſols, ci . . . 10.

Groiſil ou Verre caſſé, le baril payera cinq ſols, ci . . 5.

Gueldes, ou Poudre de paſtel, le tonneau contenant vingt-quatre barils de jauge, payera quinze ſols, ci . . . 15.

DROGUERIES & E'PICERIES

Galangal, le cent peſant payera huit livres, ci . . . . . 8.

Galbanum, le cent peſant payera cinq livres, ci . . . . 5.

Gentienne, le cent peſant payera dix ſols, ci . . . . . . 10.

Géroſles de toutes ſortes, ſoit en clous, chapelets, bois & grabeaux, le cent peſant payera quarante-cinq livres, ci 45.

Gingembre de toutes ſortes, le cent peſant payera ſix livres, ci . . . . 6.

Glu, le cent peſant payera trente ſols, ci . . . . . . 1. 10.

Gomme adraganth ou Tragacanth, le cent peſant payera cinquante ſols, ci . . . . 2. 10.

Gomme ammoniac, le cent peſant payera quatre livres, ci 4.

Gomme animé, le cent peſant payera cinq livres, ci . . 5.

Gomme arabique & du Sénégal, le cent peſant payera vingt ſols, ci . . . . 1.

Gomme de Cèdre, le cent peſant payera cinquante ſols, ci 2. 10.

Gomme du pays, le cent peſant payera trente ſols, ci . . 1. 10.

Gomme Elemi, le cent peſant payera cinq livres, ci . . 5.

Gomme gutte ou Guttagamba, le cent peſant payera dix livres, ci 10.liv. 0.ſols

Gomme hedere ou de lierre, le cent peſant payera ſept livres dix ſols, ci . . . . 7. 10.

Gomme karague, le cent peſant payera dix livres, ci . . 10.

Gomme lacque, le cent peſant payera trois livres, ci . . 3.

Gomme ſagapenum ou ſéraphique, le cent peſant payera ſix livres cinq ſols, ci . . . . 6. 5.

Gomme appelée tacamahaca, le cent peſant payera cinq livres cinq ſols, ci . . . . 5. 5.

Graine d'écarlatte ou Paſtel, le cent peſant payera dix livres, ci . . . . 10.

Guinée, le cent peſant payera dix livres, ci . . . . . 10.

Guy de chêne, le cent peſant payera vingt-cinq ſols, ci 1. 5.

H

MARCHANDISES.

HABILLEMENS en broderie d'or & d'argent, & ſur draps de ſoie & habillemens neufs de ſoie, draps ou ſerges, payeront à raiſon de dix pour cent de leur valeur, ſuivant l'eſtimation.

Hadots & Sèches, le millier en nombre payera quinze ſols, ci . . . . 15.

Halecret doré, la pièce payera dix ſols, ci . . . . . . 10.

Harengs blancs, le leth, qui eſt de douze barils, payera ſeize livres, ci . . . . 16.

Harengs ſaurs, le leth de douze barils, contenant chacun un millier, payera quinze livres, ci . . . . 15.

Harnois de cuir pour cheval, couverts de velours & Houſſes en broderies, ou garnies de paſſemens, fil d'or, d'argent ou ſoie, payeront à raiſon de dix pour cent de leur valeur, ſuivant l'eſtimation.

Harnois ſimples pour cheval, le cent peſant payera ſix livres, ci . . . . 6.

	liv.	sols
Herbes de sariete servant à teintures, le cent pesant payera deux sols, ci	0.	2.
Hermines ou Rosereaux, le timbre, qui est de vingt couples, payera six livres, ci	6.	
Horloges enrichies, à l'estimation, à raison de dix pour cent.		
Houblon, le cent pesant payera huit sols, ci		8.
Huile d'aspic, le cent pesant payera trois livres, ci . . .	3.	
Huile ou graisse de baleine & d'autres poissons, la barrique payera trois livres, ci	3.	
Huile d'olive du crû de France, le cent pesant payera vingt sols, ci	1.	
Huile d'olive de toutes sortes, la pipe venant des pays étrangers, pesant environ huit cens livres, payera dix livres, ci	10.	
Huiles de camomille, lin, noix, rabettes, chenevis & navette, & toutes autres sortes d'Huiles, faites de graine, le baril payera quatre livres, ci	4.	
Et les mêmes Huiles venant des provinces où les bureaux pour la levée des droits du présent tarif, ne sont établis, payeront, le baril, quinze sols, ci		15.

DROGUERIES & E'PICERIES.

Hermodates, le cent pesant payera trente sols, ci . . .	1.	10.
Huile d'amandes douces & amères, le cent pesant payera quatre livres, ci	4.	
Huile d'ambre, le cent pesant payera dix livres, ci . .	10.	
Huile de baume, le cent pesant payera vingt-cinq livres, ci	25.	
Huile de Bénédic, le cent pesant payera cinquante sols, ci	2.	10.
Huile de cade, le cent pesant payera trente sols, ci . .	1.	10.
Huile de fenouil ou d'anis, le cent pesant payera vingt-cinq livres, ci	25.	
Huile de genèvre, le cent pesant payera trois livres quinze sols, ci	3.	15.
Huile de gérofle, macis & canelle, la livre payera vingt sols, ci	1.	
Huile de laurier, le cent pesant payera cinquante sols, ci	2.	10.

Huile de Pétrole, le cent pesant payera cinq livres, ci 5.liv. 0.sols

Huile de pommades, le cent pesant payera cinquante sols, ci 2. 10.

Huile de romarin, le cent pesant payera cinq livres, ci 5.

Huile de scorpion ou de scorpiricle, le cent pesant payera trois livres quinze sols, ci . . . . 3. 15.

Huile de soufre & de cire, le cent pesant payera vingt liv. ci 20.

Huile de tartre, le cent pesant payera quatre livres, ci 4.

Huile de térébenthine, le cent pesant payera trente sols, ci 1. 10.

Huile de vitriol, le cent pesant payera quinze livres, ci 15.

Hyacinthes, le cent pesant payera cinquante sols, ci . . . 2. 10.

Hypochistis, le cent pesant payera trois livres dix sols, ci 3. 10.

I

MARCHANDISES.

JAMBONS de Mayence & Bayonne, le cent pesant payera quarante sols, ci . . . . 2.

Jaspe, le pied en carré payera huit sols, ci . . . . . . 8.

Indigo ou Inde fine, de toutes sortes, le cent pesant payera dix livres, ci . . . . 10.

Jumens, Chevaux, Mulets pour labourer, au dessus de trente écus, payera quatre livres, ci . . . . 4.

Jumens, petits Chevaux, Poulains, Mulets pour servir à labourer, la pièce au dessous de trente écus, payera trois livres, ci . . . . 3.

DROGUERIES & E'PICERIES.

Jalap, le cent pesant payera dix livres, ci . . . . . 10.

Iris ou racine d'Iris, le cent pesant payera quarante sols, ci 2.

Jujubes, le cent pesant payera quarante-cinq sols, ci . . 2. 5.

Juncus odoratus, le cent pesant payera dix livres, ci . . 10.

Jus de limon ou de citron, le cent pesant payera trente sols, ci . . . . 1. 10.

Jus de réglisse, le cent pesant payera cinquante sols, ci 2. 10.

L

MARCHANDISES.

LACQUE de Venife, pour teintures, le cent pefant payera feize livres, ci 16.liv. 0.fols

Lacre ou Cire à cacheter, le cent pefant payera fix livres, ci 6.

Laine d'Autriche, qui eft une efpèce de ploc, le cent pefant payera quinze fols, ci . . . . 15.

Laine de Vigogne, le cent pefant payera quarante fols, ci 2.

Laines d'aignelin en fuin, venant de Mofcovie & d'ailleurs, le cent pefant payera trente fols, ci . . . . 1. 10.

Laines fines & groffes, filées de toutes couleurs, le cent pefant payera cinq livres, ci . . . . 5.

Laines venant d'Efpagne, des Indes, Allemagne, Angleterre, Sigovie, & autres pays étrangers; & Laines de Languedoc, Provence & Dauphiné, le cent pefant payera quarante fols, ci . . . . 2.

Laiton gratté, le cent pefant payera trois livres dix fols, ci 3. 10.

Lanternes, la douzaine payera fix fols, ci . . . . 6.

Lard de toutes fortes, le cent pefant payera vingt fols, ci 1.

Lattes, le millier en nombre payera fix fols, ci . . . . 6.

Légumes de toutes fortes, où font compris, Pois chiches, Veffe, Lentilles, Chenevis, Millet, Panis, Pilley, Bled de Turquie & autres femblables Graines & Légumes, entrant par la province d'Anjou, payera, le muid mefure de Paris, contenant deux tonneaux, & le tonneau fix fe iers, vingt-cinq fols, ci . . . . 25.

Librairie, le cent pefant. . . . . *néant.*

Lie de vin, le cent pefant payera trois fols, ci . . . . 3.

Liège, le cent pefant payera dix fols, ci . . . . 10.

Ligature avec foie, la pièce fimple de quinze aunes payera cinq livres, ci . . . . 5.

Et les doubles, à proportion.

Ligatures communes, de fil & de laine, la pièce de douze aunes, payera cinquante ſols, ci 2.liv. 10.ſols

Et les doubles, à proportion.

Limailles de cuivre & Limailles d'épingles, ſervant à plomber pots de terre, le cent peſant payera ſeize ſols, ci . . 16.

Limailles de fer, le cent peſant payera ſix ſols, ci . . . 6.

Lin de toutes ſortes, venant de Moſcovie, Hoſtlan & autres pays étrangers, le cent peſant payera ſeize ſols, ci 16.

Linge de table, ouvré & non ouvré, comme Serviettes & Nappes, le cent peſant payera quinze livres, ci . . . 15.

Lingerie de Toile de lin neuve, comme Draps, Toilettes, Chemiſes, Collets, Manchettes, & autres ouvrages de Flandre ou d'ailleurs, ſans dentelle ni paſſemens, la livre payera dix-huit ſols, ci . . . . 18.

Lingerie de toutes ſortes de Toile de chanvre, le cent peſant payera dix livres, ci . . . . 10.

Lingerie de toutes ſortes de Toiles d'étoupe, le cent peſant payera ſix livres, ci . . . . 6.

Lingettes ou Flavets, qui eſt une eſpèce de Serge, la pièce de vingt aunes payera quatre livres, ci . . . . . 4.

Liſières de drap, le cent peſant payera treize ſols, ci . . 13.

Lits de coton, le cent peſant payera cinq livres, ci . . 5.

Luths & autres inſtrumens, le cent peſant payera vingt livres, ci . . . . 20.

Drogueries & E'piceries.

Lacque de Veniſe, le cent peſant payera trente livres, ci 30.

Lacque ronde & platte de toutes autres ſortes, le cent peſant payera cinq livres, ci . . . . 5.

Lapdanum, le cent peſant payera quarante ſols, ci . . . 2.

Lapis dentalis, le cent peſant payera cinq livres, ci . . 5.

Lapis entalis, le cent peſant payera cinq livres, ci . . . 5.

Lapis hematiles, le cent peſant payera trois livres, ci . . 3.

Lapis Judaïcus, le cent peſant payera trois livres quinze

ſols,

ſols, ci 3.liv 15.sols

Lapis lazuli vrai, le cent peſant payera trente livres, ci 30.

Lapis lazuli commun, le cent peſant payera cinq livres, ci 5.

Lierre, le cent peſant payera vingt ſols, ci . . . . 1.

Lignum balſami, le cent peſant payera trois livres dix ſols, ci . . . . 3. 10.

Lignum Caſſiæ, ou *Caſſia ligna*, le cent peſant payera quatre livres, ci . . . . 4.

Lignum ſanctum, le cent peſant payera ſix ſols, ci . . . 6.

Litarge d'or ou d'argent, le cent peſant payera douze ſols, ci . . . . 12.

Lupins, le cent peſant payera trente ſols, ci . . . . . . 1. 10.

M

MARCHANDISES.

MAQUEREAUX, le leth, qui eſt de douze barils, payera douze livres, ci . . . . 12.

Marbre, le pied en carré payera trois ſols, ci . . . . . 3.

Marée, la charge d'un cheval, entrant dans la province d'Anjou, payera quinze ſols, ci . . . . 15.

Marmelades, le cent peſant payera comme Confitures, ſept livres dix ſols, ci . . . . 7. 10.

Marrons, le cent peſant payera quinze ſols, ci . . . . . 15.

Marroquins d'Eſpagne, Flandre & autres pays étrangers, la douzaine payera quatre livres, ci . . . . 4.

Marroquins de Levant, la douzaine payera cinq livres, ci 5.

Marroquins paſſés en tan & en ſumach, & Marroquins ou Cordouans, de toutes autres ſortes, la douzaine payera quarante ſols, ci . . . . 2.

Marſouin, le cent peſant payera dix ſols, ci . . . . . . 10.

Martes de Biſcaye & autres pays, la pièce payera ſeize ſols, ci . . . . 16.

Martes de Canada, la pièce payera deux ſols, ci . . . 2.

Martes zibelines, l'un portant l'autre, chacun timbre tenant vingt couples, payera cinquante livres; & les Manchons de mêmes Martes, à proportion, ci . . 50.liv. 0.sols

Massicot, le cent pesant payera vingt sols, ci . . . . . . 1.

Matelas pour coucher, le cent pesant payera trente sols, ci 1. 10.

Mats de sapin de douze paumes de grosseur & au dessus, la pièce payera trente sols, ci . . . . 1. 10.

Mats de sapin, depuis sept paumes de grosseur jusqu'à douze, la pièce payera seize sols, ci . . . . 16.

Mats de sapin de six paumes de grosseur & au dessous, la pièce payera douze sols, ci . . . . 12.

Melasses sortant du sucre, chacun tonneau de mer pesant deux milliers, payera dix livres, ci . . . . 10.

Merceries mêlées & menues, dans lesquelles sont comprises les marchandises & denrées ci-après :

SAVOIR,

AMBRE jaune en chapelets & autres ouvrages.

Bandoulières.

Bois de miroirs, sans enrichissement.

Boîtes ferrées, Malles & Bougettes.

Boîtes de sapin peintes.

Bourses de cuir & laine.

Boutons de fil, laine, crin, verre & rocaille.

Cabinets d'Allemagne de peu de valeur.

Campannes.

Canivets.

Cartes à jouer.

Ceintures de fil & laine.

Ciseaux.

Clous à Cordonniers & Selliers.

Coquille de nacre.

Cordes de boyaux.

Cordons de toutes sortes, sans or, argent ni soie.

Couteaux.

Cuilliers de bois & buis.

Décrottoires.

Demi-ceints de plomb & d'étain.

Dez de verre ou de corne.

Ecritoires.

Eguilles.

Eperons.

Epingles.

Etriers.

Fil d'arbalêtre.

Gros Tapis & Toiles peintes, & autres semblables.

Horloge de sable.

Jayet, lisse ou brut.

Jettons.

Lames, Gardes d'épées & Dagues de fer.

Manches d'alêne.

Moulles à boutons.

Orpeaux, & tous autres petits cuirs avec peintures.	*Raquettes.*
Patenôtres.	*Rubans*, Cordons & Treſſe de laine.
Peignes de bois & buis.	*Sangle.*
Pelotons.	*Sifflets.*
Pinceaux.	*Soie* de porcs.
Plumes à écrire, de toutes ſortes.	*Tabourets.*
Poupées.	*Verges* & Vergettes à eſtendre.
Ramonnettes.	*Veſtins,*

	liv.	ſols
Et autres ſemblables Merceries, le cent peſant payera quatre livres, ci	4.	0.
Mèches, le cent peſant payera quinze ſols, ci		15.
Meſquis, le cent peſant payera trois ſols, ci		3.
Métal vieux, le cent peſant payera vingt ſols, ci . . .	1.	
Meulardeaux petits, pour Taillandiers, la douzaine payera trente ſols, ci	1.	10.
Meulardeaux au deſſous de quatre pieds, la douzaine payera quatre livres, ci.	4.	
Meulardes au deſſus de quatre pieds, la pièce payera ſeize ſols, ci		16.
Meuleaux ou Œuillards, la pièce payera quatre ſols, ci . .		4.
Meules à moulins, la pièce payera quatre livres, ci . . .	4.	
Miroirs d'ébène & autres bois, avec leurs glaces, enrichis, ou non enrichis, d'or ou d'argent ou cuivre doré, payeront à raiſon de cinq pour cent de leur valeur.		
Mitrailles, comme cuivres rompus, le cent peſant payera vingt ſols, ci	1.	
Molletons d'Angleterre, ou doubles Créſeaux friſés ou unis, la pièce de vingt-ſix aunes payera ſix livres, ci . . .	6.	
Moncayards, la pièce contenant onze à douze aunes, comme Burail de Flandre, payera quatre livres, ci . .	4.	
Morue sèche, Merluches ou Stockfich, le millier en nombre payera, entrant par Normandie par mer, huit livres dix ſols, ci	8.	10.

Et entrant par Poitou, Picardie, Champagne, Bourgogne,

Bresse, Berry & Bourbonnois, le millier en nombre payera trois livres, ci 3.liv. 0.sols

Morue verte, le cent en nombre, entrant par la province de Normandie par mer, payera trois livres, ci . . . 3.

Et par les provinces de Poitou, Picardie, Champagne, Bourgogne, Bresse, Berry & Bourbonnois, le cent en nombre payera quinze sols, ci . . . . 15.

Morue ou Cabillauds, le leth, qui est de douze barils, payera quinze livres, ci . . . . 15.

Moucades, la pièce contenant onze aunes, payera trois livres, ci . . . . 3.

Et en Tapis, payera à l'équipolant.

Moutons passés en galle, le cent pesant payera quarante sols, ci . . . . 2.

Moutons pelés, la douzaine payera cinq sols, ci . . . . 5.

Moutons venant des provinces de France, la pièce payera deux sols, ci . . . . 2.

Moutons & Brebis, vifs ou tués, venant des pays étrangers, la pièce payera quinze sols, ci . . . . 15.

Mules & Mulets, tant à selle qu'à porter, la pièce au dessus de trente écus, payera quatre livres, ci . . . . . . 4.

Mules & Mulets au dessous de trente écus, la pièce payera quarante sols, ci . . . . 2.

Drogueries & E'piceries.

Macis, le cent pesant payera comme Muscade, trente livres, ci . . . . 30.

Mandragore, le cent pesant payera cinquante sols, ci . . 2. 10.

Maniquette ou Graine de Paradis, le cent pesant payera quatre livres, ci . . . . 4.

Manne de toutes sortes, le cent pesant payera quatorze livres, ci . . . . 14.

Marcasite, le cent pesant payera cent sols, ci . . . . . 5.

Mastic, le cent pesant payera huit livres, ci . . . . . . 8.

Mechoacan, le cent peſant payera dix livres, ci . . . 10.liv. 0.sols
Melons, le cent en nombre payera dix ſols, ci . . . . 10.
Mercure précipité, le cent peſant payera quinze livres, ci 15.
Miel de toutes ſortes, le cent peſant payera vingt ſols, ci 1.
Mil ou Millet, le cent peſant payera douze ſols, ci . . . 12.
Mine de plomb, le cent peſant payera douze ſols, ci . . 12.
Mirabolans, Citrins, Emblics, Cebules, Beleries & Indicus ſecs, le cent peſant payera trente-cinq ſols, ci . . . . 1. 15.
Mirabolans confits, le cent peſant payera ſept livres dix ſols, ci . . . . 7. 10.
Mirthes, le cent peſant payera cinquante ſols, ci . . . 2. 10.
Mirtilles, le cent peſant payera vingt ſols, ci . . . . . . 1.
Mithridat, le cent peſant payera cent ſols, ci . . . . . . 5.
Momie, le cent peſant payera ſix livres cinq ſols, ci . . 6. 5.
Muſc, la livre payera neuf livres, ci . . . . 9.
Muſcades confites, la livre payera ſix ſols, ci . . . . . 6.
Muſcades entières ou rompues, ſoit en macis, nouaſſes, ou à zerbes, le cent peſant payera trente livres, ci . . 30.

N

MARCHANDISES.

NATTES de pailles & de jonc, le cent peſant payera quinze ſols, ci . . . . 15.
Noir à noircir, le cent peſant payera quarante ſols, ci . . 2.
Noix communes, le muid ou poinçon payera cinq ſols, ci 5.

DROGUERIES & E'PICERIES.

Nature de baleine, ou *Spermaceti,* de toutes ſortes, le cent peſant payera quinze livres, ci . . . . 15.
Nigella noire & griſe, le cent peſant payera trois livres, ci . . . . 3.
Noix de Cyprès, le cent peſant payera quinze ſols, ci . . . 15.

Noix d'Inde, le cent peſant payera trois livres, ci . . . 3.liv. 0.ſols

Noix vomiques, le cent peſant payera cinquante ſols, ci 2. 10.

O

MARCHANDISES.

Ocre ou craie blanche, jaune, noire ou rouge, le baril payera dix ſols, ci . . . . 10.

Œufs, le cent en nombre payera un ſol, ci . . . . . 1.

Oignons, le cent de bottes payera huit ſols, ci . . . . . 8.

Olives de toutes ſortes, le cent peſant payera quarante ſols, ci . . . . 2.

Or battu, le millier de feuilles payera trente ſols, ci . . 1. 10.

Or ou argent fin, trait ou filé, la livre payera ſix livres, ci 6.

Oranges, le millier en nombre payera vingt ſols, ci . . 1.

Oranges de Portugal ou de la Chine, le cent en nombre payera vingt ſols, ci . . . . 1.

Orcanette, le cent peſant payera vingt-cinq ſols, ci . . . 1. 5.

Oreillons de toutes ſortes à faire colles, le cent peſant payera trois ſols, ci . . . . 3.

Orge, le muid meſure de Paris, contenant deux tonneaux, & le tonneau ſix ſetiers, entrant par la province d'Anjou ſeulement, payera vingt-quatre ſols, ci . . . . 1. 4.

Orge mondé, le cent peſant payera dix ſols, ci . . . . . 10.

Orloges. Voyez *Horloges*.

Orſeille ou Tourneſol en barils, apprêtée, le cent peſant payera trois livres, ci . . . . 3.

Orſeille ou Tourneſol en herbe, en barils & non apprêtée, le cent peſant payera dix ſols, ci . . . . 10.

Os de bœufs & de vaches, le millier en nombre payera dix ſols, ci . . . . 10.

Os de ſèche, le cent peſant payera quinze ſols, ci . . . 15.

Oſier, le cent de bottes, payera quarante ſols, ci . . . . 2.

Oſtades, & demi-Oſtades, qui eſt une eſpèce de Serge, la pièce de dix-huit aunes payera huit livres, ci . . . 8.liv. 0.ſols

Ouvrages de Flandre, faits d'oſiers fins, le cent peſant payera trente ſols, ci . . . . 1. 10.

Ouvrages de Flandre, faits ſur toile, la livre payera comme Lingerie, dix-huit ſols, ci . . . . 18.

DROGUERIES & E'PICERIES.

Oculi Cancri, le cent peſant payera ſept livres dix ſols, ci 7. 10.

Oliban ou Encens fin, le cent peſant payera comme Encens fin, cinquante ſols, ci . . . . 2. 10.

Opium, le cent peſant payera vingt livres, ci . . . . 20.

Opopanax, le cent peſant payera quinze livres, ci . . 15.

Orobes, le cent peſant payera vingt ſols, ci . . . . . . 1.

Orpin ou Orpiment, le cent peſant payera cent ſols, ci 5.

Os de cœur de cerf, le cent peſant payera cent ſols, ci 5.

P

MARCHANDISES.

PAILLE, le char payera quatre ſols, ci . . . . 4.

Pain d'épices, le cent peſant payera trente ſols, ci . . . 1. 10.

Palanches, le cent peſant payera trente ſols, ci . . . . 1. 10.

Paneton, la pièce de vingt-ſix aunes payera comme Molleton ou doubles Créſaux, ſix livres, ci . . . . 6.

Papier blanc de Limoges, d'Auvergne & autres provinces du royaume, le cent peſant payera huit ſols, ci . . 8.

Papier blanc venant des pays étrangers, le cent peſant payera trente ſols, ci . . . . 1. 10.

Papier gris & noir, & Papier caſſé, le cent peſant payera trois ſols, ci . . . . 3.

Parchemin vieux, le cent peſant payera ſix ſols, ci . . . 6.

Parchemins de Flandre, Bretagne & autres pays, la groſſe

de peaux payera trente ſols, ci 1.liv. 10.sols

Paſſe-pierre, le cent peſant payera quinze ſols, ci . . . . 15.

Paſtel des Efforts & autres pays étrangers, ou Poudre de Guelde, le cent peſant payera quinze ſols, ci . . . 15.

Peaux d'agneaux, avec la laine, la douzaine payera deux ſols, ci . . . . 2.

Peaux blanches de moutons & brebis, paſſées en Meſquis, le cent en nombre payera trente ſols, ci . . . . . . 1. 10.

Peaux de bœufs & vaches, paſſées en buffle ou apprêtées en couleur, la pièce payera quinze ſols, ci . . . . . 15.

Peaux de boucs & chèvres, non apprêtées, venant d'Ecoſſe & d'ailleurs, la douzaine payera huit ſols, ci . . . . . 8.

Peaux de caſtors, y compris les robes & morceaux qui ne ſont en peaux entières, le cent peſant payera vingt livres, ci . . . . 20.

Peaux de cerfs & chevreuils, tant grandes que petites, avec le poil, l'une portant l'autre, la pièce payera quatre ſols, ci . . . . 4.

Peaux de cerfs apprêtées en buffles, le cent peſant payera comme Buffle, quinze livres, ci . . . . 15.

Peaux de chagrin, la douzaine payera vingt-cinq ſols, ci 1. 5.

Peaux de chèvres apprêtées, la douzaine payera ſeize ſols, ci . . . . 16.

Peaux de chèvres non apprêtées, venant de Barbarie, la douzaine payera dix ſols, ci . . . . 10.

Peaux de chien d'Ecoſſe, le cent peſant payera vingt-quatre ſols, ci . . . . 1. 4.

Peaux de chien de mer, la douzaine payera trente ſols, ci 1. 10.

Peaux de lapins, crues & non ouvrées, ne ſervant à fourrures, le cent peſant payera quarante ſols, ci . . 2.

Peaux de loups, la pièce payera trois ſols, ci . . . . . 3.

Peaux de loups cerviers de Levant, la pièce payera trois livres, ci . . . . 3.

Peaux de loups marins, la douzaine payera douze ſols, ci 12.

Peaux

Peaux de moutons & brebis en laine, le cent en nombre payera quinze ſols, ci 0.liv. 15.ſols

Peaux d'orignaux & élans à poil, la pièce payera cinq ſols, ci . . . . 5.

Peaux d'ours, la douzaine payera vingt ſols, ci . . . . 1.

Peaux d'ours marins, apprêtées, tant grandes que petites, la douzaine payera trente ſols, ci . . . . 1. 10.

Peaux de ſenteur, la douzaine payera quatre livres, ci . 4.

Peaux de vautours apprêtées, la pièce payera dix ſols, ci 10.

Peaux de vautours non apprêtées, la pièce payera quatre ſols, ci . . . . 4.

Peaux de veaux à poil, la douzaine payera quatre ſols, ci 4.

Peaux de veaux corroyées, la douzaine payera trente ſols, ci . . . . 1. 10.

Peaux de veaux tannées, la douzaine payera quinze ſols, ci . . . . 15.

Pelles ou poulies de bois, le cent en nombre payera ſix ſols, ci . . . . 6.

Pelleterie commune & non apprêtée, de toutes ſortes, comme renards, loutres, fouines, pictois, chiens, chats, & autres, le cent peſant payera dix livres, ci . . . 10.

Pelleteries communes, apprêtées, de toutes ſortes, le cent peſant payera vingt-huit livres, ci . . . . 28.

Peluche de fil & de coton, la pièce de dix à onze aunes payera trente-ſix ſols, ci . . . . 1. 16.

Perelle ou teintures, le cent peſant payera huit ſols, ci . . 8.

Perles au poids, l'once payera cent ſols, ci . . . . . . 5.

Perles rondes, de compte, payeront à raiſon de cinq pour cent de leur valeur.

Piennes ou Pennes de fil ou de laine, de toutes ſortes, le cent peſant payera trente ſols, ci . . . . 1. 10.

Pierreries & Orfévreries, & ouvrages d'or & d'argent ciſelé, payeront à raiſon de cinq pour cent de leur valeur.

Pierres à bâtir, le tonneau, qui eſt de deux milliers peſant, payera quatre ſols, ci . . . . 0. liv. 4. ſols

Pierres à faucheur & pierres de faux, d'aille ou à affiler, le cent peſant payera huit ſols, ci . . . . 8.

Pierres d'arquebuſes, le cent peſant payera quinze ſols, ci 15.

Pierres d'Emery, le cent peſant payera dix-huit ſols, ci . . 18.

Pierres-ponces, le cent peſant payera ſeize ſols, ci . . . 16.

Pignons, le cent peſant payera vingt-quatre ſols, ci . . . 1. 4.

Piques ferrées ou non ferrées, le cent peſant payera vingt ſols, ci . . . . 1.

Piſtaches, le cent peſant payera quarante ſols, ci . . . . 2.

Planches de cèdre, le cent peſant payera comme Bois de cèdre, vingt ſols, ci . . . . 1.

Planches de chêne, de bois de bord, pour bâtir Navires. *néant.*

Planches ou Ais de ſapin, de toutes ſortes de longueurs, le cent en nombre payera cinquante ſols, ci . . . . . 2. 10.

Plâtre, le mont payera vingt ſols, ci . . . . 1.

Platte moyenne, la pièce payera quarante ſols, ci . . . 2.

Plattes ou grands bateaux, la pièce payera trois livres, ci 3.

Ploc ou poil de vaches, chèvres, chiens, & chevrotins blancs & gris, le cent peſant payera quinze ſols, ci 15.

Plomb, le cent peſant payera dix ſols, ci . . . . 10.

Plumes à faire lits, le cent peſant payera vingt-deux ſols, ci 1. 2.

Plumes d'autruches, de Barbarie, & autres lieux, la livre payera vingt ſols, ci . . . . 1.

Poil de caſtors & de bièvres, le cent peſant payera trente-ſix livres, ci . . . . 36.

Poil de lapins & de chameaux, le cent peſant payera cinquante ſols, ci . . . . 2. 10.

Poiſſon nourain, ou autrement, Filette, le millier en compte payera cinq ſols, ci . . . . 5.

Poiſſon pacqué, ſoit en ſel ou en ſauce, qui n'eſt mentionné au préſent état, le leth, qui eſt de douze barils, payera ſept livres dix ſols, ci . . . . 7. 10.

Poix blanche & noire, & Poix raiſine, le cent peſant payera quinze ſols, ci 0.liv. 15.ſols

Pommes & Poires, le millier en nombre payera trois ſols, ci . . . . 3.

Porcelaine contrefaite de Hollande ou autres lieux, ou Fayence, le cent peſant payera dix livres, ci . . . 10.

Porcelaine fine ou moyenne, grande ou petite, le cent peſant payera douze livres, ci . . . . 12.

Porcelets de ſix mois, venant des pays étrangers, la pièce payera quatre ſols, ci . . . . 4.

Et ceux des provinces de France, payeront, la pièce, un ſol, ci . . . . 1.

Porcs communs, venant des pays étrangers, la pièce payera vingt ſols, ci . . . . 1.

Et ceux des provinces de France, payeront, la pièce, deux ſols, ci . . . . 2.

Porcs gras, vifs ou tués & habillés, venant des pays étrangers, la pièce payera vingt ſols, ci . . . . . . 1.

Et ceux des provinces de France où les aides n'ont cours, payeront, la pièce, cinq ſols, ci . . . . 5.

Potin gris, le cent peſant payera dix ſols, ci . . . . . 10.

Pots & Plats de terre, la douzaine payera deux ſols, ci 2.

Pots de terre, garnis d'étain, la douzaine payera ſix ſols, ci 6.

Poudre à canon, venant des pays étrangers, le cent peſant payera trois livres, ci . . . . 3.

Et celle venant des provinces du royaume, payera vingt ſols, ci . . . . 1.

Poudre de Cyprès, le cent peſant payera ſept livres dix ſols, ci . . . . 7. 10.

Poudre de violette, le cent peſant payera cent ſols, ci 5.

Poulains, Jumens, Mules & Mulets au deſſous d'un an, la pièce payera quarante ſols, ci . . . . 2.

Poulains, Jumens, Mules & Mulets au deſſus d'un an juſqu'à deux, la pièce payera trois livres, ci . . . . 3.

Pruneaux de toutes ſortes, le cent peſant payera ſix ſols, ci 0.liv. 6.ſols

Prunes de brugnolles, le cent peſant payera trente ſols, ci 1. 10.

DROGUERIES & E'PICERIES.

Petun ou Tabac de Saint-Chriſtophe & autres Iſles de l'Amérique, venant directement des Colonies françoiſes, le cent peſant payera quatre livres, ci . . . . 4.

Petun ou Tabac de Vérine, Virginie, Bréſil & autres pays étrangers, le cent peſant payera treize livres, ci . . 13.

Pierre d'aimant ou *Lapis magnes*, le cent peſant payera trois livres, ci . . . . 3.

Pireſtre, le cent peſant payera trente ſols, ci . . . . . 1. 10.

Poivre de Bréſil, ou Pimant, le cent peſant payera trois livres, ci . . . . 3.

Poivre de toutes autres ſortes, le cent peſant payera quatorze livres, ci . . . . 14.

Poivre long, le cent peſant payera dix livres, ci . . . 10.

Q

MARCHANDISES.

QUEUSCHE, le cent peſant payera trois ſols, ci . . . 3.

Quincaillerie. Voyez *Clincaillerie.*

R

MARCHANDISES.

RAISINS de Damas & de Corinthe, le cent peſant payera quarante ſols, ci . . . . 2.

Raiſins & Figues, le cent peſant payera dix ſols, ci . . . 10.

Rapatelle, ou Toile faite de queue de cheval, le cent peſant payera vingt-cinq ſols, ci . . . . 1. 5.

Rets à pêcher, le cent peſant payera vingt ſols, ci . . . 1.

Retz de charrue, le millier en nombre payera vingt-cinq ſols, ci 1.liv. 5.ſols
Riz, le cent peſant payera quatorze ſols, ci . . . . 14.
Rocou, le cent peſant payera cinquante ſols, ci . . . . 2. 10.
Rognûres de cartes, le cent peſant payera deux ſols, ci 2.
Rognûres de peaux, le cent peſant payera quatre ſols, ci . . 4.
Rolles, la pièce de vingt-ſix aunes, payera comme Molletons d'Angleterre ou doubles Créſeaux, ſix livres, ci 6.
Rubans de fil, le cent peſant payera huit livres, ci . . 8.
Rubans, Paſſemens & Frange de ſoie, la livre payera quatre livres, ci . . . . 4.

DROGUERIES & E'PICERIES.

Radix diclami, le cent peſant payera trois livres, ci . . . 3.
Rapûre d'ivoire ou *Raſures eboris*, le cent peſant payera vingt ſols, ci . . . . 1.
Réagal, le cent peſant payera trente ſols, ci . . . . . 1. 10.
Régliſſe, le cent peſant payera ſeize ſols, ci . . . . . . 16.
Romarin, le cent peſant payera quinze ſols, ci . . . . . 15.
Roſes de toutes ſortes, le cent peſant payera trois livres quinze ſols, ci . . . . 3. 15.
Roſettes, le cent peſant payera quinze ſols, ci . . . . . . 15.
Rouge d'Inde, le cent peſant payera quinze ſols, ci . . . 15.
Rubarbe, le cent peſant payera ſoixante livres, ci . . 60.
Rubiatinetorum, le cent peſant payera vingt-cinq ſols, ci 1. 5.
Ruponticque, le cent peſant payera dix livres, ci . . . 10.

S

MARCHANDISES.

SABOTS, la charretée chargée payera huit ſols, ci . . 8.
Sabots, le chariot chargé payera quinze ſols, ci . . . 15.

	liv.	sols
Saffle, le cent pesant payera trois sols, ci	0.	3.
Sal ou *Sel* armoniac, le cent pesant payera cent sols, ci	5.	
Sal ou *Sel* de verre, le cent pesant payera seize sols, ci		16.
Sal ou *Sel nitre*, le cent pesant payera quarante sols, ci . .	2.	
Salpêtre, le cent pesant payera vingt sols, ci	1.	
Sapins à faire échelles ou combles de maisons, le cent en nombre payera vingt sols, ci	1.	
Sapins petits à faire pioches, le cent en nombre payera quinze sols, ci		15.
Sarcocole, le cent pesant payera quatre livres, ci	4.	
Sardines entrant par Anjou & Thouars, le baril contenant deux milliers, payera quarante sols, ci	2.	
Sardines, le baril contenant deux milliers, payera dix sols, ci		10.
Satin de Bruges, la pièce de trente aunes payera huit livres, ci	8.	
Saumons frais, venant des pays étrangers, la pièce payera six sols, ci		6.
Saumons salés, les six hambourgs ou huit barils, payeront six livres, ci	6.	
Saucissons de Boulogne, la livre payera deux sols, ci . .		2.
Savon de Marseille, des environs & des provinces du royaume, où les bureaux ne sont établis, le cent pesant payera trente sols, ci	1.	10.
Savon de toutes sortes, venant des pays étrangers, le cent pesant payera trois livres dix sols, ci	3.	10.
Savon noir, verd, mol & liquide, le cent pesant payera quarante sols, ci	2.	
Seigle, le muid mesure de Paris, contenant deux tonneaux, & le tonneau six setiers, entrant par la province d'Anjou, payera quarante sols, ci	2.	
Seilles ou seaux, la douzaine payera deux sols, ci . . .		2.
Sel, le baril, pour droit d'entrée, à raison de vingt-un sols deux deniers, excepté celui pour la fourniture des		

Greniers de la Ferme des Gabelles; & sera ledit droit de vingt-un sols deux deniers pour baril, payé pour les Sels entrant dans les villes de Boulogne, Montreuil & autres ports & havres de Picardie & Normandie, qui feroit pour chacun muid contenant dix-sept barils, dix-huit livres, ci . . . . 18. liv. 0. sols

Sel entrant par la rivière de Loire, pour être déchargé hors la province d'Anjou, le muid payera trois livres, ci 3.

Sel montant par ladite rivière & déchargé en Anjou, & celui qui entrera par la rivière de Mayenne, pour être transporté en quelque pays que ce soit, le muid payera quarante sols, ci . . . . 2.

Selles de bois, le cent pesant payera dix sols, ci . . . . 10.

Serges d'Ecosse demi-étroites, blanches ou teintes, neuves ou vieilles, appelées *Plaindins*, la pièce contenant vingt-cinq aunes payera quarante sols, ci . . . . . . 2.

Serges de Seigneur & Serges d'Ascot, Arras, Lille, Cypre, Angleterre, & autres pays étrangers, la pièce de vingt aunes payera six livres, ci . . . . 6.

Serges drapées, contre-faites de Florence, Angleterre & autres pays, blanches ou teintes, & Ratines de Florence, la pièce contenant depuis treize jusqu'à quinze aunes payera dix livres, ci . . . . 10.

Serins de Canarie, de toutes sortes, tant mâles que femelles, le cent en nombre payera dix livres, ci . . . . . 10.

Serrures, la pièce payera cinq sols, ci . . . . 5.

Sidre. Voyez *Cidre*.

Soie à coudre, la livre payera vingt sols, ci . . . . . . 1.

Soie crue, le cent pesant payera seize livres, ci . . . 16.

Soudes, le cent pesant payera huit sols, ci . . . . . . 8.

Soufflets de Maréchal, la pièce payera vingt-cinq sols, ci 1. 5.

Soufflets petits, la douzaine payera quatre sols, ci . . . 4.

Souliers neufs, la douzaine de paires payera vingt sols, ci 1.

Suif de toutes sortes, le cent pesant payera trente sols, ci 1. 10.

Sumach ou Sommac & Herbe de Marroquin, le cent pesant payera dix sols, ci 0.liv. 10.sols

DROGUERIES & E'PICERIES.

Safran bâtard, le cent pesant payera vingt-cinq sols, ci 1. 5.

Safran de toutes sortes, le cent pesant payera cinquante livres, ci . . . . 50.

Salse-pareille ou *Sarce-parcille*, le cent pesant payera cent sols, ci . . . . 5.

Sandale, de toutes sortes, le cent pesant payera trois livres, ci . . . . 3.

Sandarrac, le cent pesant payera vingt-cinq sols, ci . . 1. 5.

Sang de dragon fin, le cent pesant payera dix livres, ci 10.

Sang de dragon moyen, le cent pesant payera cent sols, ci . . . . 5.

Sanguine, le cent pesant payera seize sols, ci . . . . . 16.

Saxafas, le cent pesant payera cent sols, ci . . . . . . 5.

Saxifrage, le cent pesant payera quarante sols, ci . . . 2.

Scamonnée, le cent pesant payera quarante livres, ci . 40.

Scavisson, le cent pesant payera cent sols, ci . . . . . . 5.

Sebeste, le cent pesant payera cinquante sols, ci . . . . 2. 10.

Sel gemme, le cent pesant payera vingt-six sols, ci . . . 1. 6.

Semence de sauge, le cent pesant payera vingt-cinq sols, ci 1. 5.

Semence de vénicq, le cent pesant payera cinquante sols, ci 2. 10.

Semences de perles, la livre payera trois livres, ci . . . 3.

Semences froides, le cent pesant payera vingt-cinq sols, ci 1. 5.

Semendancy, le cent pesant payera cinquante sols, ci . . 2. 10.

Séné de Levant, de toutes sortes, le cent pesant payera huit livres, ci . . . . 8.

Soufre vif & commun, le cent pesant payera douze sols, ci . . . . 12.

Spica Celtica, le cent pesant payera trois livres quinze sols, ci . . . . 3. 15.

Spica

Spica Nardi, le cent peſant payera ſept livres dix ſols, ci 7.liv. 10.ſols

Spode, le cent peſant payera trois livres, ci . . . . . . 3.

Squilles marines, le cent peſant payera vingt-quatre ſols, ci . . . . 1. 4.

Staphiſaigre, le cent peſant payera vingt-cinq ſols, ci . . 1. 5.

Stecades Citrin, Stecas arabique, & de toutes autres ſortes, le cent peſant payera cinquante ſols, ci . . . . 2. 10.

Stil de grain, le cent peſant payera trente ſols, ci . . 1. 10.

Stinx marin, le cent peſant payera ſix livres, ci . . . . 6.

Stives, le cent peſant payera cent ſols, ci . . . . 5.

Storax Calamite, le cent peſant payera cent ſols, ci . . 5.

Storax rouge & liquide, le cent peſant payera trois livres quinze ſols, ci . . . . 3. 15.

Sublimé, le cent peſant payera dix livres, ci . . . . . 10.

Sucre raffiné, en pains ou poudre, candi, blanc & brun, & Caſſonnade blanche, entrant par les provinces de la Ferme, le cent peſant payera quinze livres, ci . . 15.

Sucres, appelés Maſcouades, Caſſonnades pour la poêle, Sucre noir de Saint-Chriſtophe & Panelles, & Sucre de Saint-Thomé & autres lieux, le cent peſant payera quatre livres, ci . . . . 4.

T

MARCHANDISES.

TABLEAUX de toutes ſortes, avec leurs bois non enrichis, le cent peſant payera cent ſols, ci . . . . . . 5.

Tableaux avec leurs bois, enrichis d'or & d'argent & cuivre doré, payeront à l'eſtimation de leur valeur, à raiſon de cinq pour cent.

Talons de cuir, le cent peſant payera quarante ſols, ci 2.

Tapis d'Allemagne & Tapis carrés de laine, la pièce, l'une portant l'autre, payera trente ſols, ci . . . . 1. 10.

Tapis d'Angleterre, pour faire chaiſes & ameublemens, le

cent pesant payera trente livres, ci 30.liv. 0.sols

Tapis de laine, faits à l'aiguille ou rehaussés de soie, & Tapis de serge, avec passemens de soie, payeront à raison de dix pour cent de leur valeur.

Tapis de poil de chien, la pièce payera un sol, ci . . 1.

Tapis velus, de Turquie, d'Angleterre ou d'ailleurs, la pièce payera cent sols, ci . . . . 5.

Et les plus grandes, à proportion, à raison de dix pour cent de leur valeur.

Tapisseries de Bergame, le cent pesant payera dix livres, ci . . . . 10.

Tapisseries de Feuilletin & d'Auvergne, le cent pesant payera quatre livres, ci . . . . 4.

Tapisseries de cuir doré, & Cuirs dorés, le cent pesant payera quinze livres, ci . . . . 15.

Tapisseries d'Oudenardes, vieilles & neuves, & autres lieux de Flandre, excepté Anvers & Bruxelles, le cent pesant payera soixante livres, ci . . . . 60.

Tapisseries vieilles & neuves, d'Anvers & Bruxelles, le cent pesant payera cent vingt livres, ci . . . . . . 120.

Tapisseries des susdits lieux, rehaussés de soie, or ou argent, payeront selon l'estimation de leur valeur, à raison de dix pour cent.

Taureaux & Taurillons, venant des pays étrangers, la pièce payera trois livres, ci . . . . 3.

Taureaux & Taurillons, venant des provinces de France où les bureaux ne sont établis, la pièce payera huit sols, ci . . . . 8.

Terec, le baril payera cinq sols, ci . . . . 5.

Terra Merita ou *Curcuma* le cent pesant payera quarante-cinq sols, ci . . . . 2. 5.

Terre Citrin ou Sigillée, le cent pesant payera quarante sols, ci . . . . 2.

Terre rouge, le cent pesant payera trois sols, ci . . . 3.

Tiretaine, qui est moitié laine, lin ou fil, la pièce, qui eſt de onze à douze aunes, payera trente ſols, ci . . 1.liv. 10.ſols

Toile à Tamis, le cent peſant payera comme Rapatelle, douze ſols, ci . . . . 12.

Toile de coton de la Chine & autres lieux, la pièce de dix aunes payera dix-huit ſols, ci . . . . 18.

Toile de Quintin, & autres de Bretagne, la pièce contenant dix aunes payera dix ſols, ci . . . . 10.

Toiles de Hollande, Batiſte, Cambray, Gand, & autres ſemblables, fines & ouvrées, ſoit écrues, jaunes, blanches & baſettes, tant fines, moyennes, que groſſes, la pièce de quinze aunes ou environ, aunage de Paris, payera quarante ſols, ci . . . . 2.

Toiles de ſoie, la livre peſant payera neuf livres, ci . . 9.

Toiles d'étoupes blanches, façon de Boulogne & d'Allemagne, la pièce de vingt aunes payera quinze ſols, ci 15.

Toiles d'Olonne, & autres de ſemblables ſortes, à faire voiles de Navire, le cent peſant payera trois livres, ci 3.

Toiles faites d'étoupes, le cent peſant payera quatre livres, ci . . . . 4.

Toiles groſſes de Barrois, de Clinchamp & autres lieux, le cent peſant payera cent ſols, ci . . . . 5.

Toiles rayées, de ſoie & autres ſemblables étoffes, la pièce de douze aunes payera cinquante ſols, ci . . . 2. 10.

Tondures de draps, le cent peſant payera comme Bourre rouge, treize ſols, ci . . . . 13.

Tonnines, Marſouins, Baleines & autres poiſſons, le cent peſant payera vingt ſols, ci . . . . 1.

Tourte de rabette, navette, lin & noix, le millier en nombre payera ſeize ſols, ci . . . . 16.

Tourteaux, le cent en nombre payera trois ſols, ci . . . 3.

Tranchoirs de bois, la groſſe payera deux ſols, ci . . . 2.

Treillis d'Allemagne, la pièce de dix aunes payera douze ſols, ci . . . . 12.

Tripes de ſoie, la pièce de dix aunes payera ſix livres, ci 6.

Tripes de velours, la pièce de dix aunes payera trois livres dix ſols, ci 3.liv. 10.ſols

Trouſſe de paille, tant de froment que d'autres, le cent en nombre payera trois ſols, ci . . . . 3.

Truitte, le cent en nombre, payera vingt-cinq ſols, ci . . 1. 5.

Tuiles courbées ou plates, le millier en nombre payera dix ſols, ci . . . . 10.

Drogueries & E'piceries.

Talc de Veniſe, le cent peſant payera cent ſols, ci . . 5.

Tamarins, le cent peſant payera cinquante ſols, ci . . 2. 10.

Terec, le baril payera quinze ſols, ci . . . . 15.

Térébenthine commune, le cent peſant payera dix ſols, ci 10.

Térébenthine de Veniſe, le cent peſant payera cinquante ſols, ci . . . . 2. 10.

Terre d'ombre, le cent peſant payera dix ſols, ci . . . . 10.

Terre de Moullard, le baril payera deux ſols, ci . . . 2.

Thé, la livre payera huit ſols, ci . . . . 8.

Thériaque de Veniſe, le cent peſant payera dix livres, ci 10.

Turbith, le cent peſant payera trente livres, ci . . . . 30.

Tutie, le cent peſant payera trois livres dix ſols, ci . . 3. 10.

V

Marchandises.

Vaches vives ou tuées & habillées, venant des pays étrangers, la pièce payera trente ſols, ci . . . . . . 1. 10.

Et celles venant des provinces de France où les aides n'ont cours, la pièce payera ſix ſols, ci . . . . 6.

Vaiſſelle de fayence, comme Porcelaines contrefaites, le cent peſant payera dix livres, ci . . . . 10.

Vans à vanner, la douzaine payera ſix ſols, ci . . . . . 6.

Veaux gras ou maigres, venant des pays étrangers, la

	liv.	sols
pièce payera dix sols, ci	0.	10.
Et ceux des provinces du dedans du royaume où les bureaux ne sont établis, la pièce payera trois sols, ci		3.
Verjus, le tonneau payera cent sols, ci	5.	
Vermillon ou Cinabre, le cent pesant payera cent sols, ci	5.	
Vernis à peindre, le cent pesant payera quatre livres, ci	4.	
Verre en table, pour faire vitres, la charretée chargée de quatre paniers, payera quarante sols, ci	2.	
Verres à boire, de toutes sortes, excepté ceux de Venise, le cent pesant payera trente sols, ci	1.	10.
Verres cassés, comme Groisil, le baril payera cinq sols, ci		5.
Verres, Tasses, Coupes, & Bassins de Cristalin de Venise & d'ailleurs, le cent pesant payera dix livres, ci . .	10.	
Vert de vessie & de lierre, le cent pesant payera trois livres, ci	3.	
Vieilles bottes, la douzaine de paires payera dix sols, ci		10.
Vieux drapeaux, le cent pesant payera deux sols, ci . . .		2.
Vieux linge, le cent pesant payera dix sols, ci		10.
Vieux manteaux, le cent pesant payera cinquante sols, ci	2.	10.
Vieux oing, le cent pesant payera vingt-cinq sols, ci . .	1.	5.
Vieux souliers, la douzaine de paires payera deux sols, ci		2.
Vin d'Espagne, Canarie, Madère & autres pays étrangers, chacune pipe ou botte payera dix livres, ci . .	10.	
Vin de Gascogne, Gaillac & Coignac, le tonneau payera cent sols, ci	5.	
Vin du comté de Lorraine & autres pays étrangers, la queue payera trois livres, ci	3.	
Vin muscat, la pipe ou botte payera huit livres, ci . .	8.	
Vinaigre, le tonneau payera trois livres, ci	3.	
Vins de Ré & autres semblables, le tonneau payera trois livres, ci	3.	
Voide en branche, le cent de bottes en nombre payera quatre sols, ci		4.

DROGUERIES & E'PICERIES.

	liv.	sol
Verd de montagne, le cent peſant payera quatre livres, ci	4.	0.
Verd diſtillé, le cent peſant payera douze livres dix ſols, ci	12.	10.
Verdet ou Verd de gris, le cent peſant payera cinquante ſols, ci	2.	10.
Vif-argent, le cent peſant payera comme Argent vif, cent ſols, ci	5.	
Vitriol Romain & de Cypre, le cent peſant payera ſept livres dix ſols, ci	7.	10.

Et où il y auroit d'autres ſortes de Drogueries & E'piceries, Denrées & Marchandiſes, omiſes à être employées au préſent état; entend Sa Majeſté, que l'appréciation en ſoit faite par ſes Fermiers ou leurs Commis, du conſentement des marchands intéreſſés; & en cas de conteſtation, ils ſeront réglés ſur le champ, par les Officiers des Traites; & que les droits en ſeront payés, à raiſon de cinq pour cent de leur valeur, excepté pour toutes les Marchandiſes de ſoie, or & argent, poil, fil & laine, & d'autres ſemblables ſortes, manufacturées aux pays étrangers, pour leſquelles ſera payé, à raiſon de dix pour cent de leur juſte valeur.

FAIT & arrêté au Conſeil royal des finances, tenu à Vincennes, le dix-huitième jour de ſeptembre mil ſix cens ſoixante-quatre. *Signé* BERRYER.

Collationné aux Originaux par nous E'cuyer, Conſeiller Secrétaire du Roy, Maiſon, Couronne de France, & de ſes Finances.

E'DIT DU ROY,

Portant réduction & diminution des droits de Sorties & Entrées sur les Denrées & Marchandises : Suppression de la nouvelle imposition d'Anjou, des Tabliers établis pour la levée d'icelle, des droits appelés de Massicault, & autres : Et Règlement pour la perception desdits droits.

Donné à Vincennes au mois de Septembre 1664.

LOUIS, PAR LA GRACE DE DIEU, ROY DE FRANCE ET DE NAVARRE : A tous présens & à venir, SALUT. Puisqu'il n'y a rien qui convie avec tant de force les Sujets d'un grand & puissant royaume, comme celui à la conduite duquel Dieu a bien voulu nous appeler, à accomplir tous leurs devoirs, que l'amour & la tendresse que ces mêmes Sujets reconnoissent que leur Roy a pour eux; & que cet amour en la personne du Souverain, & cette reconnoissance en celle des Sujets, produit le concours universel de toutes ses parties, au bien de la chose publique, d'où naît la grandeur & la puissance d'un Etat, l'obéissance & le respect envers le Souverain, le repos & la fidélité des peuples, en quoi toutes ces parties, par un heureux enchaînement, trouvent leur satisfaction ; le Prince, qui dans son amour, n'a pour objet que cette même félicité de ses peuples ; les peuples, qui dans la jouissance de cette félicité, ne respirent qu'obéissance & que respect pour leur Roy leur Maître ; & tous deux, dans ce concours, voyent l'affermissement du repos au dedans, la gloire & la puissance de l'Etat, & le respect du Prince, passer bien au delà des limites des pays qui lui sont soûmis. C'est par les mouvemens de cet amour que nous avons pour nos peuples, que depuis notre avènement à la Couronne, nous avons heureusement soûtenu une guerre que le feu Roy notre très-honoré Seigneur & père, de glorieuse mémoire, avoit été obligé d'entreprendre ; que dans les foiblesses de notre âge plus tendre, nous n'avons point feint de nous transporter dans tous les lieux où notre présence étoit nécessaire, pour éloigner de nos frontières, & porter dans les pays de nos ennemis, les ruines & les désordres de la guerre. C'est par ces mêmes mouvemens, que dans un âge plus avancé, où, au milieu de nos prospérités, dans le plus florissant état de nos affaires, dans l'affoiblissement de celles de nos ennemis, nous avons préféré le plaisir de donner la paix à nos peuples, à toutes les conquêtes que nous étions assûrés de faire, & à diverses places & pays que nous pouvions facilement ajoûter à notre Couronne, par la continuation de la guerre ; & lorsque nous croyons nous-mêmes avoir accompli dans ce grand ouvrage de la paix, tout ce que ce même amour pouvoit desirer de nous. Aussi-tôt qu'il a été entièrement consommé,

consommé, il s'est échappé, pour ainsi dire, de notre esprit; nous avons perdu la mémoire de ce bienfait, & en sa place est entré la connoissance parfaite que nous avons prise de toutes les vexations & les ruines que nos peuples ont souffertes pendant le temps d'une si longue guerre, & de l'état déplorable auquel ils étoient réduits : Sur quoi voulant leur faire goûter les douceurs de la paix, nous aurions résolu de donner tous nos soins & toute notre application à connoître parfaitement leurs misères, & à y apporter les remèdes convenables. Pour cet effet, nous aurions voulu nous-mêmes prendre le soin de l'administration de nos finances, comme étant le fondement de tout ce que nous pouvions faire pour leur soulagement; & après en avoir heureusement découvert & démêlé toutes les confusions & les désordres, nous les aurions conduits avec tant d'économie, que les recettes étant notablement augmentées, nous nous sommes trouvés en état en moins de trois années de temps, de réduire nos Tailles à trente-cinq millions de livres, c'est-à-dire, trois millions moins qu'en l'année 1618. En même temps, nous aurions accordé divers autres soulagemens, comme la décharge du droit du Pied-fourché des vingt lieues aux environs de Paris, & d'un écu pour chacun minot de sel, qui monte à près de cinq cens mille écus de diminution sur notre ferme des Gabelles, par chacune année. Mais comme nous connoissions clairement que le soulagement que nous leur accordions pouvoit bien diminuer leurs misères, & leur donner quelque facilité de vivre, mais non attirer l'abondance parmi eux pour en pouvoir goûter les douceurs, & que le ſeul commerce peut produire ce grand effet; nous aurions, dès ce commencement, travaillé à donner les premières diſpoſitions à ſon rétabliſſement. Pour cet effet, nous aurions fait faire une enquête univerſelle ſur tous les Péages qui ſe levoient ſur toutes les rivières de notre royaume, qui empêchoient le commerce & le tranſport des marchandiſes au dedans: Et après avoir donné nous-mêmes tout le temps néceſſaire pour entendre le rapport de tous les titres ſur leſquels ils avoient été établis, nous en aurions ſupprimé une ſi grande quantité, que la navigation des rivières en auroit été notablement ſoulagée: En même temps, nous aurions établi des Commiſſaires dans toutes les provinces, pour examiner les dettes de toutes les Communautés, ſur leſquelles nous aurions fait des règlemens généraux & particuliers pour les réduire, & établir des moyens aſſurés pour les acquiter; & cependant, nous aurions rendu à tous nos Sujets, la liberté de commercer par-tout notre royaume, laquelle ils avoient perdue par les contraintes violentes qui étoient exercées contr'eux, à cauſe des obligations qu'ils avoient été forcés de paſſer, pour raiſon deſdites dettes communes. Nous aurions enſuite fait travailler au rétabliſſement de tous les ponts, chauſſées, turcies & levées, & autres ouvrages publics, dont le mauvais état empêchoit notablement le tranſport des marchandiſes: Nous aurions puiſſamment établi la ſûreté & liberté des chemins publics, en faiſant faire une févère punition de tous les voleurs de grands chemins, & obligeant tous les Prevôts de nos Coufins les Maréchaux de France, à faire foigneufement leurs charges: Et après avoir ainfi donné toutes les dipofitions qui pouvoient dépendre de nous, pour le rétabliffement du commerce au dedans, nous aurions en même temps donné la meilleure partie de nos foins au rétabliffement de la navigation & du commerce au dehors, comme étant le feul moyen d'attirer cette abondance dont nous fouhaitons fi ardemment que nos peuples jouiffent. Pour cet effet, ayant trouvé que par une longue fucceffion de temps, les étrangers s'étoient rendus maîtres de tout le commerce par mer, même de celui qui fe fait de port en port, au dedans de notre royaume, & que le peu de vaiffeaux qui reftoient à nos Sujets, dans toute l'étendue de nos mers, étoient tous les jours pris jufque fur nos côtes, tant en Levant qu'en Ponant, par les Corfaires de Barbarie, nous aurions établi l'impofition de cinquante fols par tonneau de fret, fur tous les vaiffeaux étrangers, dont nous aurions déchargé ceux de nos Sujets, pour les obliger par ce foulagement, de fe fervir de leurs vaiffeaux & d'en bâtir le nombre fuffifant pour faire leur commerce de port en port; & en même temps nous aurions mis en mer des forces fi confidérables, & en vaiffeaux, & en galères, que nous aurions obligé les Corfaires de Barbarie de demeurer dans les lieux de leur retraite : Et pour être mieux en état d'empêcher toutes leurs pirateries, nous aurions réfolu de les attaquer jufque dans leur pays, afin qu'en y établiſſant un poſte conſidérable, nous fuſſions plus en état de les contenir. En même temps, nous avons aſſuré la navigation de nos Sujets contre tous autres Corſaires, en leur donnant l'eſcorte de nos vaiſſeaux de guerre; nous avons fortifié & augmenté les Colonies françoiſes, qui ſont établies dans le Canada & dans les Iſles de l'Amérique, en y envoyant de nos vaiſſeaux, & y faiſant reconnoître notre autorité pour le rétabliſſement de l'ordre de la juſtice, laquelle en étoit en quelque ſorte bannie : enſuite, nous avons donné le fondement à l'établiſſement de ces deux grandes Compagnies des Indes orientales & occidentales, qui ſe ſont formées dans notre royaume, à notre entière ſatisfaction. Mais encore que toutes ces grandes choſes dûſſent, en quelque ſorte, ſatisfaire ce même amour que nous avons pour nos peuples; comme il eſt toûjours agiſſant, qu'il oublie toûjours le paſſé pour penſer à l'avenir, qu'il prend part à tout ce qui touche l'objet qu'il regarde, & qu'il ſouhaite toûjours d'augmenter ſon bonheur, nous avons réſolu d'établir un Conſeil de Commerce en notre préſence, tous les quinze jours, & d'employer à cet effet, le temps d'un des Conſeils de nos Finances, que nous pouvons retrancher facilement, par le bon ordre que nous y avons établi, pour, en ce Conſeil, examiner tous les moyens de pourvoir au rétabliſſement & augmentation du commerce, au dedans & au dehors de notre royaume, enſemble des manufactures; ce qui ayant été heureuſement exécuté dans les premiers jours, nous avons fait connoître à toutes nos Compagnies, ſouveraines & ſubalternes, à tous les Gouverneurs de nos provinces, & à tous les Intendans, en quelle conſidération nous avions à préſent tout ce qui pouvoit regarder ce même commerce, avec ordre d'employer l'autorité que nous leur avons commiſe, pour protéger tous les marchands, & pour leur rendre la juſtice par préférence, afin qu'ils ne fuſſent point divertis de leur trafic par la chicane; nous avons convié tous les marchands, par des lettres circulaires, de s'adreſſer directement à nous pour tous leurs beſoins; nous les avons conviés de députer quelques-uns d'entr'eux, près de nous, pour nous porter toutes leurs plaintes & toutes leurs propoſitions; & en cas de difficulté, nous avons établi une perſonne à notre ſuite pour recevoir toutes leurs plaintes, & faire toutes leurs ſollicitations : Nous avons ordonné qu'il ſeroit toûjours marqué, à notre ſuite, une Maiſon de commerce pour les y recevoir : Nous avons réſolu d'employer tous les ans un million de livres pour le rétabliſſement des manufactures & l'augmentation de la navigation. Mais comme le moyen le plus ſolide & le plus eſſentiel pour le rétabliſſement du commerce, eſt la diminution & le règlement des droits qui ſe lèvent ſur toutes les marchandiſes entrant & ſortant du royaume, nous avons ordonné à notre amé & féal le ſieur Colbert Conſeiller en notre Conſeil royal, & Intendant de nos finances ayant le département de nos fermes & du commerce, de nous faire un ample rapport de l'origine & établiſſement de tous leſdits droits; à quoi ayant satisfait, nous aurions reconnu qu'ils avoient été créés sous tant de différens noms, que nous n'avons pas été moins surpris de la diversité d'iceux, que de la nécessité qui avoit exigé des Rois nos prédecesseurs & de nous, l'établissement de tant de levées & impositions, capables de dégoûter nos Sujets de la continuation de leur commerce; vû que nous avons trouvé, qu'en Normandie, il se levoit quatre deniers pour livre de la valeur des marchandises à la sortie du royaume, sous le nom de Rêve ou Domaine forain, dont l'établissement est fort ancien; & douze deniers pour livre, sous le titre d'imposition foraine sur toutes les denrées & marchandises, de laquelle est fait mention en une déclaration de 1376, comme établie long-temps auparavant; que les bleds, vins, toiles, linges, draps & étoffes de laine, étoient chargés de la Traite domaniale, suivant un tarif arrêté en 1577; que par déclaration du mois de mai 1600, d'autres droits avoient été imposés sur toutes lesdites denrées & marchandises, à raison d'un écu pour tonneau de mer; qu'en exécution d'une déclaration du 14 août 1632, il fut procédé à une nouvelle réappréciation; qu'en l'année 1638, furent créés d'autres droits sur différentes espèces de marchandises, lesquels furent restraints, à l'égard de ladite province, aux vins, sucres & poissons de mer salés, par le bail qui en fut fait à Me Jean Massicault, le 17 novembre de ladite année; qu'en l'année 1643, les droits de Contrôleurs-Conservateurs furent convertis en deux sols pour livre sur toutes nos fermes, lesquels furent augmentés de trois autres sols pour livre, par édit du mois de mars 1654; d'un sol pour livre, par édit du mois de février 1657; & de six deniers, par édit du mois d'avril 1658; & à l'égard des entrées, nous avons reconnu qu'en 1540, il fut établi quatre pour cent sur les drogueries & épiceries, & confirmés par plusieurs déclarations des années 1543 & 1553; en 1554, un écu pour quintal des aluns; & qu'en octobre 1581, furent créés d'autres droits d'entrées sur toutes sortes de denrées & marchandises; tous lesquels droits se lèvent à présent, suivant ladite réappréciation, faite en exécution de la déclaration du 14 août 1632; lesquelles impositions furent augmentées desdits deux sols pour livre, créés en 1643, & d'autres droits en l'année suivante, qui furent créés par déclaration du 15 juin, sur partie desdites denrées & marchandises, pour être levés conformément au tarif compris en ladite déclaration : ensuite de laquelle il fut expédié un édit du mois de septembre 1647, pour la levée d'une autre augmentation auxdites entrées, sur d'autres denrées & marchandises y contenues; & en l'année 1654, il fut établi un autre droit de la levée du quart de la valeur des passemens, dentelles, points-coupés & autres ouvrages de fil, & de dix pour cent sur différentes espèces de marchandises entrant dans notre royaume, dont il fut arrêté un tarif en notre Conseil; en même temps, il fut ordonné qu'il seroit levé trois sols pour livre de tous lesdits droits, pour, avec lesdits deux sols créés en 1643, former le Parisis des droits desdites fermes, auxquels furent ajoûtés douze deniers pour livre, par édit du mois de février 1657; & six deniers, par édit du mois d'avril de l'année suivante : & par le bail que nous fimes desdites fermes à Sébastien le Bar, en 1660, nous y joignimes entr'autres droits, ceux d'entrées sur les sucres, cassonnades, cires & petun, distraits des octrois de la ville de Rouen, & ordonnés être levés à notre profit, par édit du mois de février 1656, avec le Parisis, douze & six deniers d'iceux : outre lesquels droits, nous fimes comprendre dans le bail desdites fermes, fait à M.e Jean Bourgoin, le 3 mai 1662, les cinq pour cent de la valeur des cires, étain, cuivre, airain, huiles, savon, fil de laiton, d'archal & de fer, sucre rafiné en pain & en poudre, charbon de terre, plomb, blanc de plomb, céruse, toile de coton de Hollande, batistes de Cambray, de Gand & autres, pour être levés en toutes les provinces où lesdites fermes ont cours, lesquels n'y ont pas été établis; par lequel bail nous fimes aussi adjuger audit Bourgoin, les droits d'acquits & congés, passeports & passavans, desquels il a joui; & quant à notre province de Picardie, nous avons reconnu que lesdits droits de Rêve ou Domaine forain, y ont toûjours été levés aux sorties, sur le même pied qu'en Normandie, avec la Traite domaniale, sur les denrées & marchandises ci-dessus spécifiées, suivant ledit tarif arrêté en exécution de ladite déclaration du 14 août 1632, avec le Parisis, douze & six deniers desdits droits, créés par lesdites déclarations des années 1643, 1654, 1657 & 1658. Nous avons

avons pareillement reconnu que nos fermiers levoient aux entrées de ladite province, les droits créés par ledit édit du mois d'octobre 1581, suivant ladite réappréciation faite en ladite année 1632; l'écu pour quintal des aluns; les augmentations créées sur plusieurs sortes de marchandises, par lesdits édits des mois de juin 1644, septembre 1647, & mars 1654; & le Parisis, douze & six deniers de tous lesdits droits, acquits, congés, passeports & passavans : Que notre province de Champagne s'est trouvée plus chargée auxdites sorties, parce qu'outre lesdits droits de Rêve ou Domaine forain & d'impositions foraines, qui reviennent à seize deniers pour livre de la valeur des marchandises & denrées, nosdits fermiers lèvent sept deniers pour livre, à cause du droit de Haut-passage, dont l'établissement est très-ancien, comme il résulte des ordonnances desdites fermes : ils levoient aussi la Traite domaniale suivant la réappréciation, faite en exécution de ladite déclaration du 14 août 1632, ensemble le Parisis, douze & six deniers desdits droits; ils lèvent de plus aux entrées de ladite province, lesdits droits créés en 1581, suivant ladite réappréciation, avec ceux de l'écu pour quintal des aluns, & les augmentations de 1644, 1647, & 1654, le Parisis, douze & six deniers d'iceux; & aux villes de Mésières & Charleville, & au passage de la rivière de Meuse, nous avons établi d'autres droits, par arrêt de notre Conseil du
1661, en laquelle province, nosdits fermiers jouissent pareillement desdits droits d'acquits, congés, passeports,

passavans : & quant à notre province de Bourgogne, nous avons encore reconnu que lesdits droits de R ve, Domaine forain & Impositions foraines, & de Haut-passage, y étoient levés, à raison de vingt deniers pour livre de la valeur des marchandises; que la Traite domaniale y avoit cours, & que lesdits droits avoient été réglés par ladite réappréciation de 1632, sur lesquels lesdits Parisis, & les douze & six deniers, créés par lesdits édits, devoient être levés, combien que les deux derniers n'y eussent pas été établis; nous avons aussi vû que les entrées de ladite province, étoient levées en exécution de ladite déclaration d'octobre 1581, suivant ladite réappréciation de 1632, avec l'écu pour quintal des aluns & les augmentations des droits des années 1644, 1647, & 1654; & ledit Parisis, avec lesdits droits d'acquits, congés, passeports, passavans: Et à l'égard des provinces de Berry & Bourbonnois, nous avons remarqué que lesdits droits de sortie y étoient levés, à raison de seize deniers pour livre, comme en Normandie & Picardie; que la Traite domaniale y avoit cours, & qu'encore que lesdits droits eussent été réglés pour lesdites provinces, par ladite réappréciation de 1632, que nosdits fermiers s'étoient restraints à la moitié, à laquelle lesdits droits de la Traite domaniale avoient été modérés, en faveur des provinces où nos aides n'ont point de cours, par une déclaration du mois de 1582, sur lesquels droits étoient aussi levés ledit Parisis, douze & six deniers; & que les entrées desdites provinces n'étoient composées que de l'écu pour quintal des aluns, des droits créés par édit du mois d'octobre 1581, & desdites augmentations de 1644, 1647, & 1654; & dudit Parisis, douze & six deniers, dans lesquelles provinces sont aussi levés lesdits droits d'acquits, congés, passeports & passavans : Et quant à notre province de Poitou, lesdits droits de Rêve & Domaine forain, & ceux de l'Imposition foraine, avec la Traite domaniale, y ont été établis sur le même pied qu'en nosdites provinces de Picardie, Berry & Bourbonnois, avec la même modération des droits desdites Traites domaniales, au regard des provinces où les aides n'ont point de cours : Nous avons aussi reconnu que les bureaux de ladite Traite domaniale étoient plus avancés le long de la côte de la mer, que ceux de l'imposition foraine, & que partie des droits de la déclaration du mois de septembre 1638, compris au bail qui en fut fait à Me Jean Massicault, y étoient levés avec le Parisis, douze & six deniers d'iceux; & qu'aux entrées, nosdits fermiers jouissoient des droits créés en 1581, de l'écu pour quintal des aluns, des augmentations de ladite année 1638 & de 1644, 1647 & de 1654, ensemble du Parisis, douze & six deniers desdits droits: la confusion desquels droits étoit encore plus grande en notre province d'Anjou, soit à cause qu'on avoit pris d'autres mesures pour l'exercice de ladite ferme, ou pour ce qu'elle avoit été régie par d'autres adjudicataires que ceux de nos Cinq Grosses Fermes, jusqu'en l'année 1632, qu'elle y fut jointe par le bail qui en fut fait à Me Noël de Pars, vû que par la discussion que nous en avons faite, nous avons trouvé qu'elle est composée, en partie, de mêmes droits que ceux des autres provinces, & en partie, de plusieurs autres plus irréguliers, desquels il étoit difficile d'observer les différences, ni de négocier, soit dans le pays ou dehors, qu'avec beaucoup de peine & de péril d'être surpris par la diversité des droits, & la manière de les lever; parce qu'encore que les droits de sorties s'y perçoivent sous les noms de Traites & Impositions foraines, sur toutes les denrées & marchandises, & que ceux de la Traite domaniale n'y soient levés que sur les vieux drapeaux, papiers, cartes & tarots, & sur les pruneaux, & les droits d'entrées sur toutes lesdites denrées & marchandises, il y a de plus le Trépas de Loire, qui se lève sur tout ce qui descend, monte & traverse ladite rivière, depuis Cande jusqu'à Ancenis; & la nouvelle imposition, qui fut établie en 1599, pour des causes qui pouvoient avoir moins de durée, si la nécessité des affaires de l'Etat, n'eût obligé nos prédécesseurs Rois, de les continuer, combien qu'elle soit très-incommode, à cause qu'elle a été créée pour être levée de Tablier en Tablier; & que lesdits Tabliers sont composés de certain nombre de paroisses, hors desquelles les marchandises & denrées du crû d'icelles, ne peuvent être transportées sans payer les droits de ladite nouvelle imposition; de manière que la liberté du commerce est si restrainte entre nos Sujets de la même province, qu'ils ne peuvent s'entr'aider des fruits & denrées du pays, ni des marchandiſes originaires, ni en faire commerce avec leurs voiſins, ſans payer leſdits droits, ni les tranſporter d'un lieu à autre, ſans faire autant de ſoûmiſſions qu'il y a de bureaux ſur leur route; ce qui apporte tant de difficultés au trafic de ladite province, qu'il y a lieu de s'étonner que cette ferme n'ait reçûe aucune altération depuis qu'elle eſt établie, la plûpart deſquels droits a été chargée de deux réappréciations, ainſi que ceux des autres provinces; depuis leſquelles il a été créé d'autres droits en 1638, par déclaration du mois de ſeptembre, ſur certaines eſpèces de marchandiſes, dont les unes ſont payables aux ſorties ou aux entrées ſeulement; & les autres, tant auxdites ſorties qu'auxdites entrées : & quoique les vins qui croiſſent en grande abondance le long de la rivière de Loire, qui traverſe toute ladite province, ne ſoient pas fort exquis, & que par cette raiſon ils aient été moins chargés que ceux qui ſortent par leſdites provinces de Picardie & Normandie; néanmoins, comme ils ſont le principal commerce de ladite rivière, tant à cauſe que la Bretagne en conſomme d'autant plus, qu'il en croît peu dans ſon territoire, que parce que les étrangers les tirent avec facilité par ladite rivière, nous ne pouvons ſouffrir plus long-temps que la différence des droits en diminue le commerce; car, outre qu'ils ne ſont pas uniformes, & qu'ils ſont plus ou moins grands, ſuivant la diverſité des Crûs & des Tabliers, leſdits vins ſont encore chargés de quinze ſols pour pipe, paſſant ou ſortant de la ſénéchauſſée de Saumur, ſur tous leſquels droits ont été établis les deux sols pour livre, créés en 1643: Autres deux sols, au lieu de la suppression des officiers en titre de ladite Traite d'Anjou, créés en 1644, avec le sol ordonné être levé par édit du mois de mars 1654, pour former le Parisis de toutes les fermes, & encore les douze & six deniers créés par les édits des mois de février 1657 & avril 1658; & quant aux autres denrées & marchandises, les augmentations faites par les édits des mois de juin 1644, & janvier 1654, ont été levées sur icelles, avec lesdits Parisis, douze & six deniers: Et quoiqu'à cause de la multiplicité des bureaux, les cinq sols de chacun acquit de payement, congés & passavans, fussent plus onéreux que dans les autres provinces de nos Cinq Grosses Fermes, ils y ont aussi été levés, dont nosdits Sujets n'ont pas reçû moins d'incommodité, que de l'aliénation qui a été faite des anciens droits du Trépas de Loire & de la Traite par terre, à cause qu'ils étoient obligés de les payer aux engagistes, & d'acquitter les réappréciations aux commis de nos fermiers : de sorte que pour la discussion de tous lesdits droits, & la différence d'iceux, nous aurions été aisément persuadés de la justice des plaintes que nous avons souvent reçûes de nos Sujets & des étrangers, vû qu'il étoit presque impossible qu'un si grand nombre d'impositions ne causât beaucoup de désordres, & que les marchands pûssent en avoir assez de connoissance pour en démêler la confusion, & beaucoup moins leurs facteurs, correspondans & voituriers, qui étoient toûjours obligés de s'en remettre à la bonne foi des commis des fermiers, qui étoit fort souvent fort suspecte; & après avoir entendu ce rapport, nous avons clairement connu qu'il étoit absolument nécessaire, pour parvenir au rétablissement du commerce, au dedans & au dehors, qui est la fin que nous nous sommes proposée, de réduire tous ces droits en un seul d'entrée & un autre de sortie, & même de les diminuer considérablement ; afin d'exciter par ce moyen tous nos Sujets des provinces maritimes, d'entreprendre des voyages de long cours, & ceux des autres provinces à y prendre intérêt; rétablir en même temps les anciennes manufactures, former des Compagnies pour y en introduire de nouvelles, exercer l'industrie de nos Sujets, & leur procurer des moyens d'employer utilement les avantages qu'ils ont reçûs de la nature, de bannir la fainéantise, & divertir par des occupations honnêtes, l'inclination si ordinaire de la plûpart de nos Sujets, à une vie oisive & rampante, sous le titre de divers offices sans fonctions, & sous des fausses apparences d'une médiocre attache aux bonnes lettres ou à la pratique, laquelle dégénère le plus souvent, par leur ignorance ou par leur malice, à une dangereuse chicane qui infecte & ruine la plûpart de nos provinces. A CES CAUSES, de l'avis de notre Conseil, où étoient la Reine notre très-honorée Dame & mère, notre très-cher & très-amé frère unique le Duc d'Orléans, notre très-cher & très-amé cousin le Prince de Condé, autres Princes de notre Sang, grands & notables Personnages de notre Conseil;

de notre certaine ſcience, pleine puiſſance & autorité royale, nous avons, par cet édit perpétuel & irrévocable, dit, déclaré & ordonné, diſons, déclarons & ordonnons, voulons & nous plaît que leſdits droits de Rêve ou Domaine forain, ceux de Haut-paſſage, ordonnés être levés par les édits & déclarations faites pour la perception d'iceux, ès années 1369, 1376, 1378, 1382, 1488, 1540, 1549, & 1581 ; de la Traite domaniale d'Ingrande, de l'impoſition nouvelle d'Anjou, créée en 1599; du Trépas de Loire; des quinze ſols pour pipe de vin de la ſénéchauſſée de Saumur ; & des réappréciations deſdits droits, faites en exécution de la déclaration du mois d'août 1632; de l'augmentation, ordonnée être levée aux ſorties, ſur certaines eſpèces de marchandiſes & denrées, eſdites provinces de Normandie, Poitou & Anjou, par trois déclarations du mois de ſeptembre 1638; du Pariſis, douze & ſix deniers deſdits droits, créés par les édits & déclarations des années 1643, 1645, 1654, 1656 & 1658, duquel Pariſis en Anjou, les deux ſols de la ſuppreſſion des Officiers deſdites Traites d'Anjou, créés par édit du mois d'août 1644, font partie, ſoient & demeurent convertis eſdites provinces de Normandie, Picardie, Champagne, Bourgogne, Berry, Bourbonnois, Poitou & Anjou, duchés de Beaumont, Thouars & châtellenie de Chantoceaux, en un ſeul droit de ſortie, qui ſera payé aux premiers & plus prochains bureaux du chargement des marchandiſes & denrées, ſuivant les tarifs que nous avons fait arrêter en notre Conſeil de commerce,

commerce, attachés ſous le contre-ſcel des préſentes, à commencer au premier octobre prochain : Et à l'égard des droits d'entrée ſur les Epiceries & Drogueries, ordonnés être levés aux ports & havres de Rouen & de la Rochelle, par leſquels l'entrée d'icelles eſt ſeulement permiſe du côté de la mer océane, ſuivant les édits des mois de janvier 1549 & janvier 1572; d'autres droits d'entrée, créés ſur les Aluns en 1554; des droits d'entrée ſur les denrées & marchandiſes, créés en 1581; du Trépas de Loire, & de la nouvelle Impoſition, ordonnés être levés aux entrées de la province d'Anjou; de l'Ecu pour tonneau de mer, créé en 1600; de la réappréciation deſdits droits, faite en vertu de ladite déclaration du mois d'août 1632; de ladite augmentation ſur certaines marchandiſes & denrées, eſdites provinces de Normandie, Poitou & Anjou, faite par trois déclarations du mois de ſeptembre 1638; d'autre augmentation, faite ſur les entrées dans toutes leſdites provinces, par déclaration des mois de juin 1644, ſeptembre 1647, & mars 1654; des droits diſtraits des octrois de la ville de Rouen, ſur les ſucres, caſſonnades, cires & petun, pour être levés à perpétuité aux entrées de ladite province de Normandie, ſuivant l'édit du mois de février 1656; des cinq pour cent, payables auxdites entrées en toutes leſdites provinces, de la valeur des cires, étain, cuivre, airain, huiles, ſavon, fil de laiton, d'archal & de fer; ſucre rafiné, en pain & en poudre, charbon de terre, plomb, blanc de plomb, céruſe; toiles de coton, de Hollande, batiſte, toiles de Cambray & de Gand, & autres ſemblables, compris au bail deſdites Cinq groſſes fermes, fait à Me Jean Bourgoin, le 3 mai 1662, & du Pariſis, douze & ſix deniers de tous leſdits droits, créés par leſdites déclarations des années 1643, 1645, 1654, 1657 & 1658; duquel Pariſis en Anjou, les deux ſols de la ſuppreſſion des Officiers des Traites d'Anjou, créés par édit du mois d'août 1644, font partie, Nous voulons, ordonnons & nous plaît qu'ils ſoient & demeurent pareillement convertis en un ſeul droit d'entrée, qui ſera levé au premier & plus prochain bureau de la route & paſſage ordinaire des marchands & voituriers, tant par eau que par terre, ſuivant leſdits tarifs, aux entrées deſdites provinces & deſdits duchés de Beaumont & de Thouars, & de la châtellenie de Chantoceaux, dépendant de l'Anjou : Et parce que nos fermiers ont toûjours joui du ſupplément des droits des marchandiſes & denrées qui ont été tranſportées d'un lieu où elles avoient moins payé, en un autre où les droits étoient plus grands; nous voulons qu'ils jouiſſent deſdits ſupplémens, ſur toutes les denrées & marchandiſes qui ſeront tranſportées, tant par eau que par terre, des bureaux où elles ſont moins taxées, en ceux où elles le ſont davantage : & quant aux droits de la Traite domaniale, créés par édit du mois de février 1577, & déclaration du mois de 1580, pour être levés aux ſorties de notre royaume & des provinces où les bureaux deſdites fermes ſeront établis, nous voulons qu'ils ſoient perçûs aux ſorties de notredit royaume &

desdites provinces, même de celles d'Anjou & desdits duchés de Beaumont, de Thouars, & châtellenie de Chantoceaux, suivant ledit tarif, sur les marchandises & denrées sujétes à ladite Traite domaniale. Et d'autant que lesdits droits créés par ladite déclaration du mois de septembre 1638, sur les vins, qui doivent être levés en notre province de Normandie, non seulement aux sorties & entrées de notre royaume, mais aussi à la sortie de la ville & banlieue de Rouen, pour lesdits vins seulement : Nous voulons que la levée dudit droit soit continuée, conformément audit tarif, & à la sortie de ladite ville & banlieue : Voulons aussi, ordonnons & nous plaît, qu'il soit levé cinq sols pour chacun acquit de payement desdits droits de sorties & d'entrées, & des acquits à caution qui seront délivrés pour le transport desdites denrées & marchandises, & pareillement pour la décharge desdits acquits à caution; & défendons très-expressément à nos fermiers & leurs commis, de lever aucune chose sur les passavans & congés, ni pour les vû & contrôle qu'ils sont obligés de mettre sur les acquits de payement qui leur sont présentés par les marchands & voituriers passant debout par les bureaux desdites fermes : Et en conséquence de la conversion desdits droits & desdits tarifs, nous avons éteint, supprimé, éteignons, supprimons & révoquons lesdits droits de la nouvelle imposition d'Anjou, créés en 1599, & les augmentations d'icelles; comme aussi lesdites augmentations, créées par ladite déclaration du mois de septembre 1638, sur les vins & denrées, appelées de Maſſicault, qui ſe levoient de Tablier en Tablier, & de province en province, combien que les aides y euſſent cours, avec le Pariſis, douze & ſix deniers deſdits droits, y compris les deux ſols de la ſuppreſſion des Officiers de la Traite d'Anjou, créés par ladite déclaration du mois d'août 1644. Nous avons auſſi ſupprimé les quinze ſols pour pipe de vin ſortant de la ſénéchauſſée de Saumur, & y paſſant, les réappréciations d'icelles, avec le Pariſis, douze & ſix deniers; & les réappréciations du Trépas de Loire, ſur les marchandiſes deſcendant, traverſant & montant par ladite rivière, pour aller d'un lieu à autre, dans ladite province d'Anjou & les adjacentes, ſi ce n'eſt la province de Bretagne, avec le Pariſis, douze & ſix deniers deſdites réappréciations, dont jouiſſoit ledit Bourgoin, avec le Pariſis, douze & ſix deniers des anciens droits du Trépas de Loire, ſur leſdites marchandiſes deſcendant, montant & traverſant ladite rivière, & qui ne ſeront deſtinées pour aller en Bretagne, engagés à pluſieurs particuliers; duquel Pariſis, douze & ſix deniers, jouiſſoit Me Jean Rouvelin fermier général des Aides & du Pariſis, douze & ſix deniers des droits aliénés; & ordonné que les bureaux établis par nos fermiers, dans ladite province d'Anjou, pour la perception deſdits droits de ladite nouvelle impoſition deſdits quinze ſols pour pipe de vin de la ſénéchauſſée de Saumur, & de ladite augmentation de 1638, appelée de Maſſicault, ſeront levés & ôtés : Et à l'égard des règlemens faits pour la perception deſdits droits, par les édits & déclarations de la création d'iceux, & par les baux desdites fermes, & arrêts de notre Conseil, nous voulons qu'ils soient gardés & observés, sous les peines y contenues, sans que les ecclésiastiques, nobles, privilégiés, & tous autres, ni les pourvoyeurs de notre Maison, & les munitionnaires de nos camps & armées, puissent prétendre aucune exemption des droits, soit pour les marchandises & denrées de leur crû, ou pour leur provision & usage, ni que les habitans de la province de Languedoc, puissent jouir de ladite exemption desdits droits, pour quelque cause que ce soit, en entrant ou sortant par les bureaux desdites fermes, établis aux extrémités desdites provinces de Berry, Bourbonnois, Poitou & autres. Et parce que les entrepôts des villes maritimes & autres, & les transits par l'étendue des provinces dans lesquels les bureaux desdites fermes sont établis, peuvent beaucoup contribuer à la facilité du commerce, nous voulons que nos fermiers, pour la facilité & commodité dudit commerce de nos Sujets & des étrangers, établissent des magasins ès villes de la Rochelle, Ingrande, Rouen, le Havre-de-grace, Dieppe, Calais, Abbeville, Amiens, Guise, Troyes & Saint Jean-de-Laune, pour y recevoir les marchandises qui seront destinées pour être portées dans les pays étrangers, & être seulement entreposées dans lesdites villes franches, & exemptes du payement desdits droits d'entrée & sortie; lesquels magasins, pour la sûreté réciproque de nos fermiers & des marchands, seront fermés à deux serrures, de l'une desquelles le fermier ou son commis, gardera la clef, & un député desdits marchands, gardera l'autre, à la charge que les destinations desdites marchandises, que les marchands voudront mettre en entrepôt, seront faites par les lettres de voiture, lesquelles seront représentées aux commis des bureaux établis auxdits lieux, avec les déclarations des marchandises contenues dans les ballots & paquets; pour, sur icelles, en faire la vérification par lesdits commis, les faire décharger dans les magasins qui seront par eux choisis, pour l'effet desdits entrepôts, & être lesdits ballots scellés & plombés, sans qu'ils puissent être rechargés pour être transportés au lieu de leur destination, qu'en présence desdits commis, qui délivreront leurs acquits à caution, dans lesquels ils feront mention du jour du chargement & du départ; lesquels voituriers, tant par eau que par terre, ne pourront sortir que par l'un des bureaux ci-dessus déclarés, ni décharger lesdites marchandises en aucuns lieux de notre royaume : & à l'égard des transits, il en sera usé comme pour lesdits entrepôts; le tout à peine de confiscation desdites marchandises, charrettes, chevaux, bateaux, navires, & d'amende arbitraire; de l'arrivée desquelles marchandises, qui seront mises en entrepôt, ou déclarées pour passer debout hors le royaume, lesdits commis tiendront registre séparé, dans lequel ils feront mention du jour de l'arrivée & du partement d'icelles. SI DONNONS EN MANDEMENT à nos amés & féaux Conseillers les gens tenant notre Cour des Aides à Paris, que ces présentes ils fassent lire, publier & regiſtrer, purement & ſimplement, & le contenu en icelles, garder & obſerver ſelon leur forme & teneur, nonobſtant toutes choſes à ce contraires, auxquelles nous avons dérogé par ceſdites préſentes : Voulons qu'aux copies d'icelles, dûement collationnées par l'un de nos amés & féaux Conſeillers & Secrétaires, foi ſoit ajoûtée comme à l'original, auquel, afin que ce ſoit choſe ferme & ſtable à toûjours, nous avons fait mettre notre ſcel : CAR TEL EST NOTRE PLAISIR. Donné à Vincennes, au mois de ſeptembre, l'an de grace mil ſix cens ſoixante-quatre, & de notre regne le vingt-deuxième. *Signé* LOUIS. *Et plus bas,* Par le Roy, DE GUENEGAUD. Et ſcellé du grand ſceau de cire jaune.

Collationné à l'original par nous Ecuyer, Conſeiller Secrétaire du Roy, Maiſon, Couronne de France, & de ſes Finances.

Nota. L'exécution du Tarif ci-deſſus, eſt ordonnée par l'article premier du titre premier de l'ordonnance pour les Cinq groſſes fermes, du mois de février 1687, regiſtrée en la Cour des Aides de Paris le 8 mars 1687.

DÉCLARATION
DU ROY,

En forme de nouveau Tarif, pour la levée & perception des droits d'Entrée & Sortie du royaume, sur les Marchandises & denrées y spécifiées, outre les droits portés par les Tarifs du 18 Septembre 1664.

Donnée à Saint Germain-en-Laie le 18 Avril 1667.

Registrée en la Chambre des Comptes & Cour des Aides, le 20 desdits mois & an.

LOUIS, PAR LA GRACE DE DIEU, ROY DE FRANCE ET DE NAVARRE : A tous ceux qui ces présentes lettres verront, SALUT. L'affection que nous avons pour le rétablissement & l'augmentation du commerce, nous auroit obligé en l'année 1664, de pourvoir à la réformation des droits qui se lèvent sur les marchandises qui entrent & sortent de notre royaume, & de faire procéder à cet effet, à un nouveau tarif : Et depuis, ayant considéré l'incommodité & préjudice que nos sujets des paroisses de nos provinces de Berry & Bourbonnois, enclavées dans celles d'Auvergne & la Marche, recevoient de la levée

levée des droits de fortie fur les vins defdites provinces, & fur l'entrée des beftiaux defdites paroiffes enclavées, nous aurions réfolu, pour le foulagement de nos Sujets, & plus grande facilité de leur commerce, de les décharger defdits droits, montant par chacun an à deux cens cinquante mille livres. Et d'ailleurs, ayant été particulièrement informé que l'augmentation du commerce & établiffement de diverfes manufactures dans notre royaume, en ont changé notablement le prix, nous aurions réfolu de faire procéder à nouvelle taxe, fur aucunes marchandifes entrant & fortant par les bureaux de nos Cinq groffes fermes, & par ceux de la douane de Lyon. A CES CAUSES, de l'avis de notre Confeil, & de notre certaine fcience, pleine puiffance & autorité royale, nous avons dit & ordonné, & par ces préfentes fignées de notre main, difons & ordonnons, voulons & nous plaît, qu'à commencer du premier jour de janvier dernier, nos Sujets des provinces de Berry & Bourbonnois, foient & demeurent déchargés, comme par ces préfentes nous les déchargeons, du payement des droits portés par notre tarif du mois de feptembre 1664, pour les vins fortant defdites provinces; & les habitans des paroiffes enclavées dans lefdites provinces, & celles d'Auvergne & la Marche, des droits d'entrée & fortie fur leurs beftiaux: Et à l'égard des marchandifes ci-après mentionnées, les droits en feront perçûs, à commencer du premier jour de mai prochain, à l'entrée & fortie de notre royaume, & des provinces réputées étrangères, &

par les bureaux de notre douane de Lyon; Savoir,

A L'ENTRÉE.

Pour chacun cent pesant de baleine coupée & apprêtée, la somme de quinze livres, ci . . . . 15.liv.

Le cent de Fanons en nombre, grands & petits, du poids de trois cens livres ou environ, trente livres, ci 30.

Pour chacune pièce de Bouracan de vingt-deux aunes, manufacturée dans notre royaume, sera payé, en rapportant certificat en bonne & dûe forme, du lieu où elles auront été fabriquées, trois livres, ci . . 3.

Pour chaque pièce de Bouracan étranger, de vingt-deux aunes, huit livres, ci . . . . 8.

Pour chaque paire de Bas de soie, quarante sols, ci . . 2.

Pour chaque douzaine de paires de Bas d'estame & de laine, grands & petits, huit livres, ci . . . . 8.

Pour la douzaine de paires de Bas de coton, l'une portant l'autre, quatre livres, ci . . . . 4.

Pour chaque pièce de Bayette d'Angleterre, de vingt-cinq aunes, dix livres, ci . . . . 10.

Pour chaque pièce de Bayette de cinquante aunes, double, trente livres, ci . . . . 30.

Pour cent pesant de Bonnets de laine, de toutes sortes, vingt livres, ci . . . . 20.

Pour chaque pièce de Burail croisé, de vingt-cinq aunes, huit livres, ci . . . . 8.

Pour chaque pièce simple de Burail de Flandre, de vingt-cinq aunes, huit livres, ci . . . . 8.

Buffles, Elans & Cerfs passés en Buffles, Colets & Coletins de Buffles, le cent pesant quarante livres, ci . . . . 40.

	liv.	sols
Chamois ou Peaux de Chevreaux, Moutons, habillés en blanc ou jaune, en façon de Chamois, la douzaine, trois livres, ci	3.	0.
Camelots de Hollande, de Flandre, & demi-ſoie, la pièce de vingt aunes, douze livres, ci . . .	12.	
Camelots de Lille & autres pays étrangers, la pièce de vingt aunes, ſix livres, ci	6.	
Charbon de terre, le baril, vingt-quatre ſols, ci . .	1.	4.
Crêpes liſſes & autres, de toutes ſortes, entrant par les bureaux des Cinq groſſes fermes, & douane de Lyon, payeront à raiſon de trente pour cent de la valeur.		
Cuirs de Bœufs tannés, de toutes ſortes, la douzaine, quatorze livres, ci	14.	
Cuirs dorés, le cent peſant, trente livres, ci . . .	30.	
Cuirs de Vaches, la douzaine, ſept livres, ci . .	7.	
Peaux de Veaux corroyées, la douzaine, trente-cinq ſols, ci	1.	15.
Peaux de Veaux tannées, la douzaine, dix-huit ſols, ci		18.
Peaux de Chèvres apprêtées, la douzaine, dix-huit ſols, ci		18.
Dentelles de ſoie & de guipures, venant de Flandre, Angleterre & autres lieux, la livre peſant, huit livres, ci	8.	
Dentelles de fil, Point-coupé, Paſſemens de Flandre, Angleterre & autres lieux, la livre peſant, cinquante livres, ci	50.	
Draps d'Eſpagne, la pièce de trente aunes cent livres, ci	100.	
Draps-demis du pays d'Angleterre, appelés		

douzaines, de la valeur de huit livres l'aune & au dessous, la pièce de neuf à dix aunes, dix livres, ci 10.liv.

Draps de Hollande & Angleterre, de toutes sortes de couleurs, la pièce de vingt-cinq aunes quatre-vingts livres, ci . . . . 80.

Le Fer-blanc, le baril de quatre cens cinquante feuilles doubles, entrant par les bureaux des Cinq grosses fermes, & par ceux de la douane de Lyon, payera au lieu de ce qui est porté par les tarifs desdites Fermes, trente livres, ci . . . . 30.

Et le baril à simples feuilles, à proportion.

Frise d'Espagne & de Flandre, la pièce de vingt aunes, seize livres, ci . . . . 16.

Frise sèche d'Angleterre, la pièce de dix-huit aunes, sept livres, ci . . . . 7.

Frise blanche, appelée de coton, qui se vend à la gode, le cent de godes, faisant cent vingt-cinq aunes, vingt-quatre livres, ci . . . . 24.

Frison d'Angleterre, la pièce de treize aunes, trois livres, ci . . . . 3.

Glaces de miroirs, de trente pouces & au dessus, vingt-cinq livres, ci . . . . 25.

Glaces de vingt à trente pouces, quinze livres, ci . . . 15.

Glaces de vingt pouces jusqu'à quatorze, la pièce, huit livres, ci . . . . 8.

Glaces de douze pouces & au dessous, la douzaine, neuf livres, ci . . . . 9.

Huiles de Baleines, ou Graisses d'autres poissons, chacune barique venant des pays étrangers, douze livres, ci . . . . 12.

Molletons d'Angleterre, doubles, ou doubles Créseaux,

frisés ou unis, la pièce de vingt-cinq aunes, douze livres, ci . . . . 12. liv. 0. sols

Poil de Chèvre, le quintal, douze sols, ci . . . 12.

Peaux de Bœufs & Vaches, passées en Buffles ou apprêtées en couleur, la pièce, trente sols, ci 1. 10.

Le cent pesant de Savon, de toutes sortes, venant des pays étrangers, sept livres, ci . . . . 7.

Le cent pesant de Savon noir & verd, mol & liquide, cinq livres, ci . . . . 5.

Serge de Seigneur & d'Ascot, Lille, Ypres, Angleterre, & autres pays étrangers, la pièce de vingt aunes, douze livres, ci . . . . 12.

Serge drapée contrefaite, de Florence, Angleterre, & autres pays, blanche ou teinte; & Ratine de Florence, la pièce depuis treize aunes jusqu'à quinze, quinze livres, ci . . . . 15.

Serge d'Ecosse, demi-étroite, blanche ou teinte, neuve ou vieille, appelée Plaindin, la pièce de vingt-cinq aunes, quatre livres, ci . . . . 4.

Les Sucres rafinés, en pain ou en poudre, candis, blancs & bruns, venant des pays étrangers, payeront pour chacun cent pesant, suivant l'arrêt de notre Conseil du 16 septembre 1665, vingt-deux livres dix sols, ci . . . . 22. 10.

Toutes Cassonnades blanches ou grises, fines ou moyennes, venant de Brésil, pour chacun cent pesant, quinze livres, ci . . . . 15.

Les Mascovades dudit pays, pour chacun cent pesant, sept livres dix sols, ci . . . . 7. 10.

Les Barboudes, Pannelles & Sucres de Saint-Thomé, pour chacun cent pesant, six livres, ci 6.

Les Sucres des Isles des Colonies Françoises de l'Amérique, de quelque qualité qu'ils soient, pour chacun cent pesant, quatre livres, ci . . . 4.[liv.] 0.[sols]

Toiles de Hollande, Batiste, Cambray, Gand, & autres semblables, fines & ouvrées, soit écrues, jaunes, blanches & basettes, tant fines, moyennes, que grosses, la pièce de quinze aunes quatre livres, ci . . . . 4.

Les Tapis velus de Turquie, d'Angleterre ou d'ailleurs, la pièce, sept livres, ci . . . . 7.

Et les plus grands, à proportion, à raison de dix pour cent de leur valeur.

Les Tapis d'Angleterre, pour faire chaises & ameublemens, le cent pesant, cinquante livres, ci. . 50.

Les Tapis d'Allemagne & Tapis carrés de laine, la pièce, l'un portant l'autre, trois livres, ci . . . . 3.

Les Tapisseries d'Oudenarde, neuves & vieilles, & autres lieux de Flandre, excepté Anvers & Bruxelles, le cent pesant, cent livres, ci . . . 100.

Les Tapisseries vieilles & neuves d'Anvers & Bruxelles, le cent pesant, deux cens livres, ci 200.

Et à l'égard des Sorties.

Cuirs de Bœufs, Vaches du pays, avec le poil, la douzaine, six livres, ci . . . . 6.

Peaux de Veaux à poil, la douzaine, vingt sols, ci 1.

Peaux de Boucs & Chèvres non apprêtées, douze sols, ci . . . . 12.

Poil de Chèvre, le cent pesant, cinquante sols, ci 2. 10.

Tous lesquels droits, nous voulons être payés au

premier bureau d'entrée de notre royaume, de nos provinces réputées étrangères, & des bureaux de notre douane de Lyon, en la même manière que se lèvent nos droits desdites fermes, & sous les mêmes peines de confiscation des marchandises & d'amendes, portées par les anciens règlemens, & par notre édit du mois de septembre 1664, nonobstant & sans avoir égard au tarif arrêté en notre Conseil le 18 dudit mois de septembre, auquel nous avons dérogé & dérogeons, pour le regard des marchandises contenues aux présentes seulement : Voulons au surplus, qu'il sorte son plein & entier effet, & que Me Jean Martinant notre fermier des Cinq grosses fermes, douane de Lyon, & autres Fermes unies, perçoive & jouisse, en conséquence de son bail, desdits droits, suivant & ainsi qu'il est ci-dessus spécifié. SI DONNONS EN MANDEMENT à nos amés & féaux Conseillers les gens tenant notre Chambre des Comptes & Cour des Aides à Paris, que ces présentes ils fassent lire, publier & regiftrer, & le contenu en icelles, garder & observer selon leur forme & teneur, cessant & faisant cesser tous troubles & empêchemens qui pourroient être donnés au contraire : CAR TEL EST NOTRE PLAISIR. En témoin de quoi nous avons fait mettre notre scel à cesdites présentes. DONNÉ à Saint Germain-en-Laie, le dix-huitième jour d'avril, l'an de grace mil six cens soixante-sept, & de notre regne le vingt-quatrième. *Signé* LOUIS. *Et plus bas,* Par le Roy, DE GUENEGAUD. Et scellé, sur double queue, du grand sceau de cire jaune. Et encore est écrit:

Lûe, publiée & regiftrée en la Chambre des Comptes, ouï & ce requérant le Procureur général du Roy, de l'ordre de Sa Majeſté, porté par Monſieur ſon frère unique le Duc d'Orléans, venu exprès en ladite Chambre, aſſiſté du ſieur du Pleſſis-Praſlin Maréchal de France, & des ſieurs d'Aligre & Hotman Conſeillers d'état, le vingtième jour d'avril mil ſix cens ſoixante-ſept. Signé RICHER.

Lûes, publiées & regiſtrées, du très-exprès commandement du Roy, porté par Monſieur le Duc d'Enguien Prince du Sang, aſſiſté du ſieur d'Eſtampes Maréchal de France, & des ſieurs Puſſort Conſeiller ordinaire du Roy en ſes Conſeils, & Rouillé auſſi Conſeiller du Roy en ſes Conſeils & Maître des Requêtes ordinaire de ſon hôtel : oüi & ce requérant ſon Procureur général, pour être exécutées ſelon leur forme & teneur; & ordonné que copies collationnées ſeront envoyées ès ſièges des élections & bureaux des Traites foraines, du reſſort de la Cour, pour y être pareillement lûes, publiées & regiſtrées : Enjoint au Subſtitut dudit Procureur général du Roy, de faire toutes diligences & réquiſitions à ce néceſſaires, & d'en certifier la Cour au mois. A Paris, en la Cour des Aides, les Chambres aſſemblées, le vingtième jour d'avril mil ſix cens ſoixante-ſept. Signé BOUCHER.

Collationné à l'original par nous Ecuyer Conſeiller Secrétaire du Roy, Maiſon, Couronne de France, & de ſes finances.

www.ingramcontent.com/pod-product-compliance
Ingram Content Group UK Ltd.
Pitfield, Milton Keynes, MK11 3LW, UK
UKHW021542260726
13993UKWH00002B/580

9 782329 464787